À la Librairie d'Abel Ledoux.

NOSTRADAMUS,

Roman,

Par Hippolyte Bonnellier.

PARIS. M DCCC XXXIII.

NOSTRADAMUS.

II.

IMPRIMERIE D'ÉVERAT,
Rue du Cadran, n° 16.

NOSTRADAMUS,

PAR

HIPPOLYTE BONNELLIER.

ORNÉ DE DEUX GRAVURES A L'EAU FORTE,

PAR BOISSELAT.

TOME SECOND.

A LA LIBRAIRIE D'ABEL LEDOUX,

95, RUE DE RICHELIEU.

PARIS. M DCCC XXXIII.

I.

LA RÉFORME.

La Réforme.

C'est la nuit du 30 mars 1547.

Dans *Salon*, qui, en ce temps-là, n'avoit d'autre titre à la célébrité que les vestiges des bienfaits *testamentaires* de *Lucius Donnius*, prêtre d'Auguste et de Rome, dans Salon (*nobile Castrum*), disons-nous, il ne se faisoit qu'une seule veillée funèbre pendant la nuit que nous venons d'indiquer : la maison où se tenoit cette veillée étoit de bourgeoise et modeste apparence ; une seule chambre en étoit éclairée par quatre flambeaux, quatre cierges encadrant de leur sinistre lueur un lit à grand dossier, entièrement dégarni, sans matelas, sans draps, sans couverture, mais portant sur son fond sanglé une bière *habitée* et ouverte. Entre deux des cierges, sur une chaise, on avoit placé un vase d'église en argent ; l'eau dont il étoit rempli étoit bénite sans doute, car deux branches de buis, — rameaux symboliques, — trempoient dans cette eau. La chambre étoit entièrement tendue de noir ; dans l'un de ses points les plus obscurs un homme étoit assis, il dormoit. Deux sommeils près l'un de l'autre : l'un muet, inaltérable ; l'autre accidentel, agité, plein d'existence, et tourmenté par une angoisse nerveuse qui devoit être bien pénible pour l'homme endormi ; il pouvoit avoir un peu plus de quarante ans, il en paroissoit près de soixante, car chaque peine, chaque méditation avoit tracé un sillon sur son front et sur son pâle visage ; une longue barbe noire tomboit sur sa poitrine, sa tête, presque rasée, étoit nue, mais ne s'abandonnoit pas dans sa pause; la pensée du rêve étoit forte et la soutenoit droite.

Il y eut un instant où cet homme, portant sa main à son front, sans sortir de l'état de sommeil, le pressa avec une force convulsive, puis il murmura des mots sans suite, reprit, l'espace de quelques minutes, une complète immobilité, et en sortit pour se lever de son siége; sa taille, d'ailleurs moyenne, était certainement grandie en ce moment par l'extraordinaire tension des muscles de son corps; il marcha, toujours endormi, à pas comptés, gravement, parcourut deux fois la longueur de la chambre, se dirigea vers le lit, se pencha en avant, étendit son bras, plaça sa main où avoit battu le cœur de la personne morte, et presque aussitôt il prononça nettement, lentement, les yeux toujours fermés, ces paroles à peine interrompues par de légers repos.

— Je te l'avois dit, pauvre *Ponce Gémel*, c'étoit le poison!... Là, sens-tu? à cette place où tu souffrois, des sérosités nombreuses s'étoient formées...... Pauvre femme! mère de mes enfans!... — Il se recula de quelques pas, se posa comme au repos, les bras croisés, et comme s'il eût regardé la bière. — Le poison!... malice infernale!...... toujours elle! Pour un amour à venger, deux meurtres à expier!...... la pierre de la tombe lui sera lourde! — Cherchant à comprimer l'énergie de sa respiration de plus en plus pressée: — Mais ceci est déjà bien loin! Je n'ai que faire où s'assied le passé... En avant!—Il fit un assez long silence, et reprit avec hésitation... — Ils n'y croiroient pas; cependant cela sera... Grand siècle! Pauvres hommes!.... Oui, cela sera...

D'esprit divin l'ame présage atteinte
Trouble, famine, peste, guerre courir....
Eau, siccité, terre et mer de sang teinte....
Paix, trefve à naistre, prélats, prince mourir....

Ce quatrain, tel que nous venons de le tracer, il le prononça... — Oui, mourir!... Ah! dans le Hurepoix, un château est tout *enflambé* de torches, tout drapé de noir... La sonnette du viatique... à genoux! — Obéissant à sa propre parole, il s'agenouilla. — A genoux, grands seigneurs, laquais, vassaux! à genoux tout ce qui est catholique dans cette royale maison... Peintres, prenez vos pinceaux! Musiciens, prenez vos lyres! Poètes, chantez!... *La salamandre* vient de laisser tomber au feu, qui la consume à son tour, sa devise chérie, *nutrisco et extinguo*.... Prince clément en paix, victorieux en guerre, amant des vaines gloires et des femmes... Homme tant soldat, tant rieur, tant buveur! roi inquisiteur, qui, pour racheter ta funeste clémence pour l'hérésie, as brûlé tant d'hérétiques!.... Roi, grand roi..... demi-dieu!... tu pâlis.... La sonnette du viatique.... Adieu François Ier!..... l'eau lustrale sur ton corps.....

Il s'avança sur ses genoux, et, par un mouvement maladroit qui attestoit que la préoccupation d'esprit, devenue trop forte, absorboit sa lucidité, et alloit mettre un terme à ce sommeil extatique, voulant prendre le rameau de buis, il plongea sa main jusqu'au-

dessus du poignet, dans le vase de l'église.....
Le froid de l'eau le saisit; il poussa un cri
étouffé, ouvrit les yeux,... fut quelques instans avant de se reconnoître, et, voyant de la
vue réelle et humaine les cierges, le lit funèbre, il s'écria avec un accent déchirant:

— Ma pauvre femme! tu dors encore!......
Mes enfans ne te verront plus!

Tandis que, dans le petit cimetière de l'é-
glise des Cordeliers de Salon, on enterroit, le
31 mars 1547, défunte Ponce Gémelle,
dame de Nostredame, seconde épouse de
Michel de Nostredame, veuf d'Anice, veuf
une fois encore, par le fait d'une vengeance
qui avoit frappé lentement, — le 31 mars 1547,
dans le château royal de *Rambouillet*, le premier officier de la chambre du roi François Ier
ouvroit, devant la foule des courtisans age-
nouillés, les rideaux de damas bleu et or du
lit de son maître, et montroit à ces regards
menteurs et curieux le corps d'un homme
grandi d'un pouce dans les convulsions de l'a-

gonie, mais grandi dans la mort : — ainsi font les renommées historiques.

Le roi de France s'appelle Henri II.

La promesse indiquée par les prévisions humaines, à l'instant de la mort de Louis XII, est réalisée : l'entendement humain a fait un pas. La pensée religieuse, après avoir éclairé le monde, étoit devenue absorbante, et obstruoit le jour aux idées ; — un bras, sorti de dessous la robe d'un moine *augustin*, s'allonge de *Wittemberg* à Rome (1567), et secoue violemment, pour l'éteindre, dans la main du pontife Léon X, le flambeau de religion qui alimente sa clarté aux lampes dorées du Vatican. La catholicité s'émeut, le moine audacieux se montre et parle, le pape l'excommunie ; mais les foudres prostituées ne suffisent plus même pour brûler les quatre-vingt quinze propositions contre le *trésor de l'Eglise*, les *indulgences* et *la puissance du pape*, placardées veille de la Toussaint. Il s'agissoit d'abord d'*indulgences* arbitrairement, mercenairement vendues pour payer les débauches de Léon X et la coupole de Saint-Pierre de Rome. — Il s'agit maintenant de la constitution organique de l'église et du clergé. L'ignoble *Jean Tetzel*, religieux de Saint-Dominique, bavarde encore à *Francfort-sur-l'Oder*, pour gagner son salaire apostolique; mais la question est trop avancée, elle le déborde. Les petits princes d'Allemagne, courbés par la pauvreté sous le joug de l'empereur, voient la richesse leur advenir par la spoliation des biens ecclésiastiques; ils embrassent Luther et insultent le pape... Les princes se mettent à voler, le peuple à penser! l'Allemagne au feu de la contradiction s'éclaire, elle est en marche, et elle se saisit de conviction pour le luthérianisme, le jour où Luther, traînant après soi la foule aux portes de Wittemberg, s'arrête devant un vaste bûcher, y jette audacieusement le décret de Gratien, les décrétales des papes, les clémentines, les extravagantes, la dernière bulle d'excommunication, et crie d'une voix de tonnerre, au pape, qui est à Rome, regardant la flamme hérétique dévorer le pan de sa tiare. *Parce que tu as troublé le saint du Seigneur, tu seras brûlé au feu éternel.*

Conciles, ligues de rois, feu et fer contre les hommes et contre les livres ; tout reste impuissant contre l'attaque de la réforme, et, tandis que les digues crèvent sous l'effort des flots novateurs, Luther, dans son île *de Pathmos*, tranquille au haut des tours du château de *Vestberg*, jette à son Allemagne la manne de ses écrits. Au plus fort du combat religieux, il abandonne son aire, s'abat sur Wittemberg pour y écraser Carlostadt, iconoclaste........ Qu'importe le formulaire des mœurs privées à la confiance de son audace? il enlève *Catherine de Bore* à son couvent, déchire ensemble la robe de la religieuse et celle du moine, afin de se faire *réformiste* complet... Il aime, il se marie (1525), il prêche, il excommunie le pape...., lorsque, le 18 février 1546, la mort vient le saisir à Islèbe, il est vainqueur! l'Allemagne est en marche..... Le luthéranisme est en progrès.

La France est constituée par un système politique et religieux moins arbitraire que ne l'étoit celui de l'Allemagne; catholique avec privilége, en quelque sorte rangée sous la domination d'un roi *très-chrétien,* elle peut vivre *libéralement* dans le catholicisme; mais où fermente une idée, où s'organise un progrès intellectuel, la France arrive; par un traité, par une guerre, par une armée, par un seul homme, elle entre dans cette idée, elle s'associe à ce progrès.

Jean Calvin, de Noyon, fils d'un batelier et d'une cabaretière; *Cauvin,* en 1510; *Calvinus,* en 1532; *Deparcan,* puis *Dehappeville,* en 1533. — *Calvin,* plus tard et dans la postérité, a étudié *Zuingle* et Luther, à *Bourges,* avec *Melchior Wolmar;* il dogmatise, il prêche, il s'insinue, il persuade, il fait des prosélytes, il irrite François I*er*, il convertit la reine *Marguerite de Navarre,* sa sœur. — Il porte la parole nouvelle à Bâle, à Ferrare, à Strasbourg et à Genève, où il s'arrête pour y prendre le surnom de *Pape de Genève.* Calvin est chef en religion. La France se partage....

Où est l'erreur? où est la vérité?

Après *Béranger,* d'Angers; après *Pierre Valdo,* de Lyon; *Wiclef, Jean Hus* et *Jérôme* de Prague, — pourquoi Luther? pourquoi Calvin?

Le système providentiel porte le flambeau dans le chaos des faits, et rend facile l'interprétation de la loi suprême qui régit l'univers physique, aussi bien que l'univers intellectuel. Ce système enseigne que l'instinct du *progrès* est inné et immuable; que la *perfectibilité* est le résultat auquel concourent sciemment ou à leur insu, par les moyens les plus contraires, les plus directs ou les plus étranges, les individualités comme les masses, les fractions de peuple comme les générations.

L'action humaine, en toute chose, n'est que l'acte servile de la domesticité du sort; et lorsque par ignorance, foiblesse, mauvais vouloir, préméditation ou inconséquence, cette action emporte le plus avec elle le caractère de l'inapropos, lorsqu'elle semble le plus marcher *à la dérive*, la providence, qui ne se trompe jamais, place sur la route même, d'une marche égarée, la réussite de l'idée résolue dans ses décrets souverains.

Sans creuser dans les profondeurs de l'analyse, nous nous bornerons à dire que l'esprit une fois placé, pour voir ce qui se passe, dans les hautes régions où s'assied le système providentiel, voit avec dégoût ces nuées de conjectures et de commentaires qui roulent incessamment dans l'atmosphère humaine, et y produisent les impostures et les orages. L'homme a trop cru qu'il étoit un principe, il n'est qu'un moyen. Considéré comme individualité, c'est la goutte d'eau dans le fleuve; comme génération d'époque, c'est un flot dans la mer; comme ensemble de la création, c'est une mer; c'est un élément nouveau dans le sein duquel le sort creuse en passant son sillage, et que tourmentent les événemens résultant de l'action de ses atomes divers; élément à flux et reflux, mais inévitablement entraîné par ses courans vers une embouchure où ses flots se perdent à jamais dans une mer incommensurable, l'immortalité des êtres.

Les cultes, inventés et multipliés par la foiblesse humaine; les cultes, manifestation secondaire de l'indélébile croyance en un Dieu, n'ont, ainsi que toute chose, toute idée, tout principe qu'une durée donnée et relative, dépendante de la *rationalité* du dogme par lequel ils sont formulés.

La naissance du christianisme fut le plus grand événement des siècles. Présenté comme culte au monde gangrené par les vices de ses fétiches, de ses dieux, de ses rois, de ses empereurs, de ses grands, de ses peuples, il avoit toutes les conditions d'immortalité humaine; et, résumé tout entier dans l'acte de vie de l'homme infiniment bon qui portoit sa parole, il satisfaisoit à la foiblesse des intelligences de son temps avides d'images, et d'autant plus disposées à accepter des croyances nouvelles, qu'elles seroient personnifiées dans un être visible.

Le christianisme, qui régénéroit le genre humain par sa base, qui proclamoit les premiers *droits de l'homme, l'égalité* devant Dieu et devant la loi, qui enseignoit le riche par le pauvre, le puissant par le foible, fut le plus imposant *appel au peuple* qui jamais ait été prononcé: culte du souffreteux et de l'indigent, il attendrit, il anime à tous les vouloirs généreux, et la simplicité de son essence fait sa sublimité et sa force.

Mais on arrive à le formuler par le *catholicisme*, on l'altère par une combinaison de rites judaïques et païens, on fausse son principe, sa parole et son écriture; il avoit des apôtres, on lui donne des prêtres; il portoit la bure, on lui met des chasubles dorées; et le plus impudent des mensonges, obscurcissant la pensée la plus pure et la plus vraie, à la faveur d'un jeu de mots audacieusement attribué au Christ (*quia tu es Petrus, et super hanc petram ædificabo ecclesiam meam*) donne à saint Pierre le droit de léguer sa puissance. Puissance de vertus, de candeur et de religion? non, puissance dorée et mitrée, puissance assise sur un trône, et s'arrogeant insolemment, depuis *Boniface III*, l'autorité souveraine.

Le christianisme une fois terni et pollué par le catholicisme, et le catholicisme exploité, réglementé, par toutes les natures de vices, demandera-t-on encore pourquoi *Nicolas de Lyre*, *Wicklef*, *Jean Hus*, le sage de Prague,

Hieronime ?... pourquoi Luther, Calvin ?.... pourquoi tous les réformistes qui naîtront après eux ?

Jusqu'à François Ier et Charles-Quint, l'opposition au catholicisme ne s'étoit manifestée que dans des théories; sous le règne de ces princes, elle éclata dans des actes.

François Ier et Charles V, rois sans convictions morales ni religieuses, roi des vaines gloires, servirent merveilleusement la *réforme* par des persécutions outrées, des tolérances maladroites, des hésitations inopportunes, et Henri VIII d'Angleterre, homme politique avant tout, lui donna de la consistance, autant par son ouvrage contre Luther, son fameux bill des six articles (statuts du sang), que par le bûcher de Morus.

Cette consistance eut bientôt acquis l'exigence du progrès; les novateurs constitués et armés étendirent leurs maximes d'indépendance de la religion à la politique; et les gouvernemens ne furent pas long-temps à s'apercevoir que les théories de communions songeoient à envahir les théories monarchiques : les passions s'en émurent davantage, la guerre fut instante.

Un esprit tel que celui de Michel de Nostredame devoit trop se préoccuper de la situation des idées pour ne pas les traduire animées et agissantes, dans ses méditations et dans ses rêves. Homme d'action, il auroit dépensé sa force dans le mouvement de la vie publique ou militaire; homme de réflexion et d'étude, doué d'une faculté d'analyse sérieuse et profonde, refoulé dans l'intimité de sa pensée par des peines domestiques bien cuisantes, il lui fut permis de suivre des hauteurs de l'observatoire de sa raison les spectacles humains représentés sous ses yeux; et il s'y passionnoit, car il voyoit leurs reflets dans l'avenir.

II.

LA ROBE DE CARMÉLITE.

La Robe de Carmélite.

Au moment où Nostredame ferme la porte du caveau, où, à côté d'Anice Mollard, vient d'être placée sur une seconde table de marbre Ponce Gémel, il en est de la vie à la lassitude, à la morosité; une conviction poignante lui est acquise : celle que Dieu n'a les yeux ouverts que sur le grand ensemble, et livre aux chances du sort, aux instincts de leur fragile nature les individualités humaines : et la lutte, toujours entre des facultés inégales ; lui, Nostredame, contre une Laure de la Viloutrelle ! lui, deux fois vaincu dans cet horrible combat qui le jetoit entre deux bières !

— Est-ce assez, maintenant ? — dit-il en accrochant la clef du caveau au-dessous d'un grand christ en ivoire, ornement de son cabinet d'étude. La mort de ces deux femmes expiera-t-elle à tes yeux mon dédain pour ton funeste amour?... Pour un autre que pour moi saisirai-je encore cette clef?... Est-ce assez?... A quelle décevante combinaison entraîne donc la prudence humaine!... Dieu et la science furent les deux passions de mon cœur; une troisième voulut s'y fixer, je craignis qu'elle n'y prît trop de place... Dès sa naissance, je l'étouffai; et, à cause de cela, ma vie est malheureuse! Dieu et ma science me devaient du moins aide et protection : Dieu et la science ont laissé faire!... Oui, mais ils me restent! — s'écria-t-il en élevant vers le christ un regard inspiré. — Ils me restent ! et, à chaque peine qui me frappe, à chaque deuil nouveau qui m'enveloppe ame et corps, il semble que leur communication avec moi soit plus intime et plus tendre, que l'un et l'autre je les comprenne mieux; car eux seuls me comprennent, eux seuls ne fuient pas mon approche!... Ce peuple imbécile, si je lui confie une des pensées intimes qui m'assiégent et lui révèlent sa destinée, — il rit ! Un Scaliger, un François Rabelais, rioient aussi lorsque, trop confiant, je les entraînois avec moi dans l'avenir ! l'homme et la brute ont le même rire, devant le fait plus fort que leur intelligence....

L'amertume de ces dernières paroles témoignoit que l'ignorance et l'envie avoient attaqué de leurs doutes insultans les travaux de Michel de Nostredame. En effet, le sceptique Rabelais s'étoit plu à repousser de son argumentation railleuse les confidences mystérieuses de son confrère; le vaniteux Scaliger ne leur avoit accordé qu'une oreille distraite, et le savant dont, aux jours de pestilence, Arles et Lyon avoient imploré les secours, entendoit le peuple de Salon accuser de sorcellerie et de mensonge les paroles échappées à sa préoccupation mystique.

A cette époque, deux affections le rappeloient encore aux devoirs sociaux qu'il eût volontiers oubliés, pour se livrer à l'égoïsme de ses travaux solitaires : il aimoit toujours Antoine Minard, ce joyeux écolier de si bonne et candide nature, — de basochien devenu avocat distingué au parlement de Paris, puis avocat général en la chambre des comptes, et enfin, dès 1544, nommé par François Ier président à mortier. — Il adoroit ses enfans, sa fille *Clarence* et son fils *César*, tous deux confiés, depuis les derniers jours du mal de langueur de leur mère, à deux vieillards de Saint-Remy qui avoient vu naître Michel de Nostredame.

Une lettre vint à Salon ; elle étoit écrite de Paris, par Antoine Minard, à son savant ami. Lettre pleine de doléances sur les dangers que couroit la catholicité en ce beau royaume de France, — et terminée par un avertissement qui devoit préparer son lecteur à de nouvelles alarmes.

« .... En aucun temps, — lui écrivoit-il, — et à plus forte raison depuis que, par faveur royale, je suis un des organes de justice, ne me suis départi de l'idée de vous venger, mon illustre ami, des maux qui vous ont été infligés par la volonté de Satanas, sous les habits et le visage de cette Laure de la Viloutrelle. La disparition de cette femme, depuis le mois d'août de l'an 1525, aussi bien que celle de l'empoisonneur Élie Déé, m'ont plus d'une fois fait craindre qu'il y eût dans la présence de ces deux funestes intelligences sur cette terre l'effet d'une volonté *subhumaine*. Sans relâche, et à des intervalles choisis pour tromper la prudence des coupables, j'ai tenu en éveil les magistrats de votre province. Le seul avis qu'ils m'aient adressé, mais uniquement, me disoient-ils, pour condescendre à mon désir, m'annonçoit la venue en la ville de Salon d'une religieuse carmélite, en quête pour un établissement de son ordre; — et cela, un mois et seize jours avant la mort de votre seconde femme.

» Voici que j'apprends que la même religieuse, après avoir séjourné à Marseille, est arrivée à Saint-Remy. Comme il n'y a sorte de moyen dont ne se serve la malice du démon, tenez-vous en garde, — et ne puis m'expliquer d'où me vient cette crainte, peut-être coupable ; — n'importe, tenez-vous en garde contre cette religieuse, au cas où vos enfans seroient encore en cette ville de Saint-Remy; allez les quérir sans délai, ni retard, plaçant ainsi à l'abri de votre sollicitude les deux seuls êtres capables de vous rappeler que la vie vous réserve encore des plaisirs... »

—Mes enfans! s'écria Michel, en interrompant sa lecture ; — mes enfans, Clarence, César, où êtes-vous... la religieuse carmélite! elle est à Saint-Remy?.. Minard ne se trompe pas, la malice du démon se manifeste sous tous les visages, sous toutes les robes !... O ma pauvre Ponce Gémel, tu m'as tant recommandé tes enfans ! — tu m'as tant dit : « Chaque matin,
» Nostredame, cherchez dans les yeux de Cla-
» rence la pensée des songes de sa nuit, et
» voyez si elle ressemble à vos exemples de la
» veille. »

Dans la soirée du jour où il reçut la lettre du président Minard, Michel de Nostredame arrêtoit sa mule devant la maison des époux Laurent, gardiens de sa jeune famille. Son fils César accourut à sa rencontre : — Et ta sœur ? demanda vivement Michel, tout en examinant son enfant avec joie et curiosité.

— Ma sœur ? elle n'est point encore rentrée au logis... au coucher du soleil elle va venir.

— Où donc est-elle ?

— Avec la bonne religieuse du Carmel.

— Ah!... quoi ! qu'as-tu dit ? — s'écria le père, saisissant son fils, l'élevant dans ses bras, comme pour recueillir plus vite une réponse, un renseignement.

— Mais, mon père, — reprit le jeune César intimidé par ce geste brusque ; — depuis trois jours, Clarence assiste la sœur quêteuse, et les aumônes n'en sont que plus abondantes, car tout le monde dit que la fille du savant Nostredame doit porter bonheur à la quête.

— Clarence avec la religieuse !.. — cria Michel d'une voix de tonnerre. — Laurent! Laurent! qu'as-tu fait de ma fille?

— Votre fille? votre fille? maître illustre... mais je l'attends, elle va venir.

— Non, vieillard, non, ma fille ne viendra pas....

— Quel vertige! Nostredame.... pourquoi ces terreurs, ces cris?... depuis déjà trois jours la vénérable sœur sainte Julia ne l'a-t-elle pas ramenée chaque soir?... Elle va venir, vous dis-je?

—Ma fille est perdue! ma pauvre Clarence!.— Michel jeta sa tête dans ses mains et versa d'abondantes larmes. Son fils ne comprenoit rien à cette violente douleur, mais pleuroit aussi; le vieux Laurent et sa femme, consternés, n'osoient plus parler. La nuit approchoit.
—Eh! bien Laurent?—demanda Nostredame d'une voix sombre, en relevant son visage trempé de larmes. — Eh bien! ma fille ne revient point!... Oh! je vous en supplie, que l'on cherche ma fille!—Il joignit les mains, il portoit autour de lui un regard égaré. Le va-

let de la maison étoit sorti, il rentra dans cet instant.

— N'avez-vous pas vu Clarence? — lui dit son maître.

— Non, n'est-elle pas ici?.. On l'a rencontrée avec la belle carmélite près du monument romain.

— Elle est belle cette religieuse? — demanda Michel avec une angoisse de peur et de colère.

— Bien maigre, bien brune, mais encore belle, — répondit naïvement le valet.

— Va, cours, cria Michel, cherche, interroge, dans toutes les rues, dans toutes les maisons, informe-toi d'elle.... Laurent, allez aussitôt chez l'officier municipal, chez le bailli.... Oh! le temps presse! dépêchez-vous! Oh! mon Dieu! mon Dieu! conserve-moi ma fille!... Ne perdez pas un instant! le temps me presse, vous dis-je! la religieuse a sous sa robe un poignard et du poison! Ma pauvre fille, elle te tuera!...

Nostredame étoit resté avec l'épouse de

Laurent, et le jeune César, se livrant au plus violent désespoir. Tout-à-coup il bondit sur lui-même, s'échappe de la maison comme un fou furieux, et, sans pouvoir être suivi, prend sa course vers le *mausolée*, vestige monumental des Romains. Il y arrive hors d'haleine, baigné d'une sueur froide, crie par trois fois le nom de Clarence. Sentant ses forces l'abandonner, il cherche un point d'appui, saisit sur une pierre une robe en laine blanche, telle qu'en portoient les religieuses du Carmel, — et s'évanouit.

Le vieux Laurent par sa visite au bailli, — son valet par ses recherches, ses questions, eurent bientôt mis la petite ville de Saint-Remy en émoi. Le chef des archers de la sénéchaussée se transporta dans la communauté d'ursulines où sœur Julia avoit trouvé un gîte depuis son arrivée dans le pays. Sœur Julia, sortie le matin, n'avoit point encore reparu. Des archers furent envoyés çà et là, et une escouade, courant aux flambeaux sur la route, trouva Nostredame étendu sans mouvement, la tête appuyée sur une pierre longue. Dans sa chute, sa tête avoit porté sur la pierre : la pierre et la robe de carmélite abandonnée étoient tachées de son sang.—On le reporta au domicile de Laurent.

La nuit entière, le jour suivant, puis un autre jour, puis bien d'autres jours encore, Clarence ne répondit point à la voix de son père, qui l'appeloit avec des cris et des sanglots. Cette enfant avoit alors quatorze ans; elle étoit jolie, on voyoit déjà qu'elle devoit être belle; — mais belle de cette beauté qui paroit prendre confiance en ses charmes, qui a des caprices, de la vanité, qui se passionne au plaisir, l'accepte aux dépens de sa conscience, et dans toute sa vie ne fait qu'une faute : — elle a commencé au premier âge de la raison, pour ne finir qu'à l'heure où s'affaisse la volonté, où commence la caducité.

Ponce Gémel, — ainsi que sans doute se seroit montrée la candide Anice Mollard, — avoit été d'un caractère uniforme, docile, incapable de vouloir ni trop long-temps ni trop haut, inquiète au premier bruit. Tout ce qui étoit uniformité et silence avoit accommodé ses organes disposés pour le repos et l'obéissance. Il arriva de la constitution physique et morale de la seconde épouse de Nostredame que les prédispositions de ses enfans restèrent ce que le hasard, qui préside à la distribution des facultés innées, avoit permis qu'elles fussent. L'éducation, qui fait la seconde nature, qui régularise les caprices du hasard, et remplit les vues de la providence, n'avoit en rien participé à l'œuvre de développement de César et de Clarence. Ponce Gémel auroit redouté les cris, les pleurs d'un enfant impatient et gêné dans ses bizarres volontés; elle auroit craint que le bruit de sa voix, montant le long de la vis de l'escalier de sa maison, n'allât retentir jusque dans le cabinet où méditoit, où travailloit le silencieux Nostredame. César et Clarence étoient donc, l'un à quinze ans, l'autre à quatorze, dans le libre exercice de leurs facultés natives; César, taciturne et penseur; Clarence, vive, distraite, prêtant l'oreille à tous les bruits ayant une harmonie, et perdant, par l'irrésistible entraînement d'une vive curiosité, cette modestie du regard, emblème si séduisant de la candeur de l'ame et de la modestie de l'intelligence. César arrêtoit sur le visage austère de Michel de Nostredame des yeux pleins d'une expression sérieuse et admirative; devant l'imposante figure du savant, jeune encore, dont le nom avoit une haute taille dans la Provence, Clarence sourioit ou avoit peur, — selon sa préoccupation du moment. Les deux enfans furent envoyés à Saint-Remy dès que Nostredame eut prévu la mort prochaine de Ponce Gémel.

César pleuroit et restoit dans le silence et l'attente; — Clarence, oublieuse de la mortalité qui s'arrêtoit sur la maison de son père, se livra aux paroles attrayantes d'une religieuse inconnue. La religieuse étoit belle, elle parloit dignement, venoit de bien loin; — la jeune fille voulut l'assister dans sa quête par la ville de Saint-Remy.

— Enfant, dit Michel de Nostredame à son fils César, aussitôt qu'ils furent revenus dans leur maison de Salon, — as-tu peur de la solitude?

—Non, mon père.

— A l'heure qui n'est pas celle de ton travail, te sens-tu l'impérieux besoin de voir des enfans de ton âge, d'entendre des voix nouvelles ?

— Non, mon père.

— La jeunesse de ta pensée suffira donc à la jeunesse de tes désirs ?

— Je l'espère.

— Ma maison seroit murée, — pour empêcher l'accès d'un monde abominable, — ton cœur ne seroit ni attristé ni effrayé ?

— Non, mon père.

— Enfant, je t'enferme en ma maison, et tu n'en sortiras qu'à l'âge où de cœur et de corps tu pourras lutter contre les méchans. Jusque-là, grandis dans l'isolement et l'oubli complet des autres hommes ; fortifie-toi dans des méditations précoces ; habitue ta raison à vivre d'elle-même.... et tiens-toi, mon César, unique trésor réel qui me reste, tiens-toi sous le regard de ton père... assez tôt tu descendras dans les infâmes arènes de la vie..... assez tôt tu auras à mesurer du regard les hideux lutteurs qu'il te faudra combattre. L'horizon de notre époque est rouge et noir, vois-tu ; il s'épaissit, et accumule dans ses profondeurs bien des guerres, bien des orages... bien des mortalités, bien des mensonges !... Profite de mes leçons; plus tard, je te ferai monter dans des sphères au milieu desquelles mon esprit ne s'élève que pour dominer le genre humain; et un moment viendra où tu m'entendras lui jeter par pitié les avertissemens que la voix de l'avenir me confie.

La mysticité, le vague de ces paroles, étoient l'expression naturelle et précise d'un esprit sans cesse en avant dans la vie commune, précipité dans un espace qui n'étoit point encore éclairé; agité, à propos de toutes les questions contemporaines, par tous les résultats à naître, et dirigé par une lucidité magnétique; véritable état de *somnambulisme éveillé*.

Le jeune César possédoit dans sa constitution nerveuse tout ce qui pouvoit le mettre en rapport avec des facultés si exceptionnelles; aussi la solitude prescrite à sa jeunesse, la méchanceté des hommes promise à son avenir, les sombres prédictions, les espérances d'initiation aux mystères astrologiques,—accepta-t-il tout cela avec recueillement et résignation.

Michel de Nostredame le comprit en l'observant avec attention ; il l'embrassa, et choisit ce moment pour lui dire :

— Mon fils, n'essaie plus de laver le sang dont est souillée la robe blanche de la religieuse carmélite. Entre ce sang et cette robe il y a une affinité intime, entends-tu bien ? leur contact est symbolique, et je t'expliquerai ce symbole le jour où la robe deviendra un suaire.

III.

A VENISE.

A Venise.

Par un temps de brume, peu ordinaire sous le ciel vénitien, le 25 mars 1548, une gondole glissoit, heure de midi environ, dans le grand canal de Venise. Le pavillon de la gondole étoit fermé sur toutes ses portières, un seul gondolier tenoit l'aviron ; il étoit presque vieillard, ses rides, ses cheveux gris l'attestoient, mais la vigueur musculaire de ses bras révéloit une force jeune ; il portoit le pantalon bariolé des matelots, une chemisette d'une grosse toile teinte en couleur brune, rattachée au col par une large agrafe à effigie d'un saint *auréolé ;* une ceinture de laine rouge étoit jetée en sautoir sur ses épaules, et renouée sur son côté gauche. Ce qu'il y avoit de plus distinctif dans son accoutrement, c'est une chaîne en argent suspendue à son cou ; elle alloit se perdre sur sa poitrine dans une ouverture pratiquée à la chemisette.

A la distance à peu près où, dans les *régates*, le pieu, but de la joute, est enfoncé dans l'eau, la gondole que nous venons de signaler fut presque abordée par une chaloupe à deux rameurs, qui couroit le cap sur le palais.

— N'y voyez-vous pas clair, oiseaux du brouillard ? cria le gondolier.

— Ce n'est rien, maître, il y a erreur ; nous avions d'abord cru rencontrer Venerini, le gondolier de la marquise de Bianqui. L'explication fut donnée par le patron de la chaloupe, qui fit nager à bas-bord pour laisser le côté d'honneur à la gondole.

Ce peu de mots, jetés dans le silence du canal, donnèrent lieu à un personnage habitant le pavillon d'en relever les portières. Il étoit enveloppé dans un grand manteau brun; la toge vénitienne, en velours noir, coiffoit sa tête. Ses traits avoient l'expression de l'âge mur.

— Qu'est-ce, Pietro? — demanda le gentilhomme, — que vouloient ces gens qui s'éloignent?

— Couler bas sous les ongles du lion de Saint-Marc, excellence.

— Où sommes-nous?

— A la hauteur de *la passe Bonavelli*.

— Que tu noyas de si habile manière!... C'est un vieux serviteur, ce Pietro! — ajouta-t-il en souriant les dents serrées.

— L'excellence a dit la vérité, répondit le gondolier, en se balançant sur ses avirons.

—Depuis quand, Pietro, es-tu au service de l'Adriatique?

—Depuis cinquante ans, excellence; j'en ai soixante-deux.

— Soixante-deux ans de bonheur!

—Votre excellence vouloit dire de servitude.

—Au contraire, de liberté... Pietro, pauvre diable, a pu remplir ses devoirs sans chagriner sa conscience...

—Cependant j'ai eu l'honneur d'être le gondolier privé du doge *André Gritti* (1523); j'ai l'honneur d'être le gondolier privé du conseil des Dix, et de servir votre excellence.

—Pietro, tiens le canal par le travers, caresse le flot, et causons... Nous ne sommes plus en vue, n'est-ce pas?

—Non, excellence, la brume s'est épaissie.

— Pietro, il s'agit d'une passe Bonavelli, ou de toute autre passe.

— J'obéirai.

— Pietro, il y a en ce moment, à Venise, un homme que *Jean Bertrandi*, cardinal, qui vient de s'appeler *garde-des-sceaux* de France, recommande spécialement à la sagesse du conseil des Dix. Cet homme ne vaut pas la peine d'être jugé, — d'ailleurs, l'indiscrétion de sa défense auroit des inconvéniens.

— Je comprends, excellence.

— Ainsi, de l'habileté, de la promptitude.

— C'est un homme mort..... Son nom, excellence, et son gîte.

— Il habite dans le *Rialto*.... Il est vieux...

— Tant mieux, on ne vous inflige au purgatoire que le nombre des jours enlevés à la victime.

— Il est juif.

— Ah!.... alors l'absolution me revient de droit, sans le purgatoire.... et il s'appelle?

— Elie Déé.

— Elie Déé! s'écria Pietro, en abandonnant ses avirons sur les anneaux de la gondole.

— Le connoîtrois-tu?

— Mais, excellence....

— Le connoîtrois-tu? répéta impérieusement le noble vénitien.

— J'ai dit à votre excellence que c'étoit un homme mort, répondit le gondolier avec un calme stoïque.

— Cette nuit même?

— Cette nuit.

— Et sans bruit...., sans cris.

— Sans bruit.

— Il est porteur d'une recette..., d'un papier écrit en lettres rouges.... A minuit tu te trouveras devant Saint-Marc, et tu me remettras ce papier. Maintenant, vire de bord...., courons au palais ducal. Après ces paroles, le membre du mystérieux tribunal recula sous le pavillon, et en ferma les portières.

Le gondolier Pietro reprit ses rames, nagea vers la ville; — son visage exprimoit une angoisse douloureuse: aussi les premiers mouvemens de sa manœuvre furent-ils exécutés avec mollesse et distraction. Cet état d'abattement dura peu, toutefois, car après quelques instans, comme si une idée pleine de bonnes promesses eût illuminé son cerveau, il releva sa tête large et grisonnante; il se redressa sur son banc, serra ses doigts sur ses *nageoires*, roidit ses bras nerveux; la gondole traça, sur les eaux du canal, un sillage aigu et profond, elle aborda le grand quai avec la rapidité du vol d'un oiseau, et le rangea de manière à tressaillir sur le flot, car Pietro, avec cette adresse qui le rendoit si célèbre dans le port de *Molamocco*, harponna intrépidement la dalle avec son épieu, au plus fort de sa course, et s'arrêta court au point de débarquement.

Une heure après, descendu dans le Rialto, il entroit dans la maison du potier d'étain, Buvarini, à l'enseigne de Saint-Théodore.

— Au gondolier privé, salut! dit gaiement

l'artisan, robuste et gros homme ayant passé la quarantaine.

— Au savant Buvarini, bonjour.

— Quoi de nouveau dans la *loge du lion?*

— Des bavards qui questionnent... et vous savez ce qu'en fait le lion de Saint-Marc?

— Alors parlons d'autre chose, sage Pietro... Oui, parlons d'autre chose, — ajouta-t-il en se penchant mystérieusement à l'oreille de son interlocuteur, — demain, 25 mars,... l'homme aux quatre-vingt-six ans, demandé par la prophétie, est là-haut ; la prophétie va s'accomplir !

— Vous avez donc conservé votre croyance?

— Vous avez donc perdu la vôtre, gondolier?

— Ah! la mienne est furieusement ébranlée, Buvarini.

— Ruse de renard, Pietro ;.... Vous voyez les grands de trop près....

— Et trop bas....

— Hein?....

— Silence! je n'ai rien dit.... Le juif est là-haut?

— Oui, en extase : j'ai voulu causer avec lui, il n'entend ni ne voit. J'ai craint un instant que la mort n'eût passé sous sa robe, et n'eût soufflé le flambeau, mais ces mots lui sont échappés : « Demain, 25 mars, je mourrai riche! » La prophétie l'absorbe, il vit et attend le moment.

— Il y arrivera, Buvarini.

— Je l'espère bien, Pietro... et nous aussi, nous y arriverons.

— Pas par les mêmes voies, maître potier, — espérons-le du moins..... Mais êtes-vous bien convaincu? la prophétie n'est-elle pas embrouillée?

— La prophétie est distincte et se réalisera. Mon oncle, chanoine de *Saint-George-Majeur*, étoit le plus savant de son abbaye; il lisoit sur les vieilles pierres comme un *conta-*

rini lirqit Pétrarque sur un parchemin neuf, et n'ayant à me laisser en héritage que le souvenir de ses vertus ; il me dit ces mots que je vous ai répétés tant de fois :

— Buvarini, tu es noble et pauvre ; fais-toi artisan, si les richesses du monde ont du prix à tes yeux. Travaille, amasse une petite somme, achète une petite maison verte dans le Rialto, qui porte le nom de Saint-Théodore. Sous la cour de cette maison il existe un petit caveau, une large et vieille pierre, chargée de lettres, en ferme une issue. Ces lettres veulent dire : Qui aura quatre-vingt-six ans accomplis, et viendra abattre cette pierre un 25 mars, *jour de la naissance du monde et de la fondation* de Venise, trouvera derrière le corps entier de saint Théodore, — déposé là après que celui de saint Marc, apporté d'Alexandrie, fut devenu le patron du Rialto.—Et avec cette sainte relique, perles, or, rubis et argent, en quantité plus grande que n'en contiendroit la nef de Saint-Marc. Qui abattra la pierre, ayant moins de quatre-vingt-six ans, âge de saint Théodore lorsqu'il mourut, et jour autre que le 25 mars, mourra aussitôt; ainsi soit-il. Est-ce clair, Pietro?

— A ce point, qu'un frisson étrange me glace le corps chaque fois que vous me redites ces redoutables paroles.

— Et vous savez, gondolier, avec quelle foi recueillant la confidence de mon oncle, je me promis de vivre jusqu'à quatre-vingt-six ans, pour hériter de saint Théodore. Vous étiez propriétaire de la sainte maison, vous ne vouliez pas la vendre.... Je vous promis longue vie, comme à moi-même, et vous révélai mon secret avec promesse expresse du partage; la maison est restée sous notre garde....... Nous n'avons pas quatre-vingt-six ans, de longs jours nous sont réservés encore, ... et voilà que saint Théodore amène ici un caduque vieillard, pour accomplir l'écriture, jour prescrit!.... De la confiance, Pietro..... Quelques heures encore, et les richesses de ce *monde nouveau* conquis par Pizarre ne vaudront pas les nôtres!....

— Une circonstance imprévue peut faire mentir notre espérance.

— Laquelle, Piétro ? que veux-tu dire ?

— Ah ! c'est que.... la mort peut visiter le vieillard.

— Non pas avant demain, Piétro.

— Eh bien ! si, Buvarini ; avant demain, cette nuit même.

— Es-tu prophète, par hasard ?

— Non, mais je suis le gondolier privé du conseil des Dix.

— Qu'a de commun mon vieux locataire avec le conseil ?

— Tu sais bien, potier d'étain maudit, qu'en ma qualité de conducteur de la ménagerie de Venise, la parole m'est interdite..... Les dix bêtes féroces que je promène tour à tour dans le canal n'ont-elles pas chacune déposé dans mes oreilles une confidence à brûler ma chair et damner mon ame ?... Aujourd'hui, le tigre le plus furieux de la bande ne m'a-t-il pas demandé un nouveau service? — La voix de Piétro montoit par degrés, son visage s'animoit, sa physionomie, ordinairement voilée par une expression taciturne, révéloit le besoin d'une colère à haute et forte voix; l'artisan l'observoit avec un calme étrange. — Oh! la bonne tentation qui m'est venue saisir l'esprit!.. mais le cœur m'a manqué. Vingt fois j'ai soutenu, d'un regard effronté, le regard farouche du doge André Gritti; vingt fois de ma parole brève et insolente, j'ai redressé sa parole exigeante et rouge de menaces.... Cet *Almida Folcarini*.... je l'ai nommé, je crois, oui, je l'ai nommé; j'ai péché...... Mais nous sommes seuls, Buvarini; mon invisible surveillant ne s'est sans doute pas arrêté sous ton toit.... Ma langue se satisfasse une fois! Cet Almida Folcarini, sa présence me trouble, il a les yeux du basilic, et la respiration du tigre....... Comprends-tu maintenant, Buvarini, qu'Elie Déé doit être mort à minuit?

— A minuit, Piétro?.... à minuit, le 25 de

mars commence ; au premier des douze coups de l'horloge de Saint-Marc, le juif entre dans la galerie avec la pioche et la lanterne... L'avidité rajeunira ses forces et précipitera ses mouvemens ; — au onzième coup la pierre tombe, le trésor est en vue ; au douzième, Elie Déé est tué..., et, lorsque dans Venise, des horloges sonneront encore minuit, tu auras déjà du sang aux mains pour témoigner de ton obéissance.

— Mais, saint Théodore ?

— Comment ?....

— Saint Théodore, te dis-je, qui sera là, sous mes yeux, près de ce vieillard.... S'il alloit.....

— Tomber en poussière, Piétro ?...... Que t'importe !

— Au lever du jour nous quittons Venise.

— Non, gondolier, non ; — nous entendrons d'abord cinq messes pour le repos de saint Théodore.

IV.

CES MOINES DU XIIᴇ SIÈCLE!...

Ces Moines du XIIe siècle!...

Après le vol des épargnes de Zacharie, Elie Déé avoit osé aller à Arles; — Laure de la Viloutrelle en étoit partie. De là, il avoit dirigé sa fuite vers Marseille, avoit poussé jusqu'à Nice, où il s'étoit embarqué pour l'Espagne. Pendant vingt-deux ans sa vie nomade, résistant à tous les chocs, à tous les orages, à toutes les plaies, à toutes les fatigues, se soutint par deux idées, la recherche de la nièce du greffier au baillage d'Arles, — qui lui ravissoit les titres des deux successions promis pour solde de ses crimes officieux ; — la recherche de cet introuvable trésor, dont la promesse étoit écrite au front de sa visible étoile.

Elie Déé avoit, avant le temps, porté l'empreinte de la vieillesse ; vingt-deux ans de plus s'étoient accumulés sur son corps ; vingt-deux ans qui complétoient sa quatre-vingt-sixième année ! Son corps étoit bien incliné, bien maigre, — sa barbe bien blanche, — ses jambes bien frêles, ses mains bien tremblantes, privées de toute substance, et laissant voir la difformité de leur charpente osseuse ; mais cet inconcevable vieillard, prédestiné pour l'opulence et toujours pauvre, pendu, jeté sur un bûcher, attaqué par la peste et toujours vainqueur de la mort, jusqu'à l'accomplissement de son idée fixe, avoit conservé dans ses yeux le sentiment de sa funeste énergie ; sa voix même, chevrotante et cassée, vibroit encore sur des cordes pleines et fortes, lorsqu'elle étoit inspirée par la passion dominante du juif.

Depuis cinq semaines seulement il étoit à Venise, où Laure de la Viloutrelle résidoit depuis cinq ans, mais où, depuis cinq semaines aussi, elle étoit de retour, après une absence, amenant avec elle Clarence de Nostredame.

La jeune fille avoit été confiée à une Rosalina Mavredi, veuve, après avoir été dotée par un des *neuf procurateurs par mérites* de Saint-Marc. Rosalina Mavredi, arrivée sur le retour de l'âge, conservoit les prétentions d'une vie amoureuse et déréglée. Les plaisirs du monde et les événemens scandaleux exerçoient un droit de souvenir sur ses pensées aventureuses. Cette femme auroit entièrement perdu la nature de crédit, apanage des belles courtisanes, si, à des titres nouveaux, elle ne se fût créé des amis parmi les jeunes nobles dont elle avoit favorisé les pères. Riche, elle avoit un salon où les enfans des *douze maisons électorales* de Venise venoient apprendre le parlage et les façons d'être des raffinés qui naissoient en France. Dévote, elle avoit un oratoire où venoient tour à tour s'oublier discrètement, dans des pensées mondaines et impures, le *primicerius* de l'église ducale, les évêques de Trévise, Feltre, Vicence et autres lieux ; les abbés titrés, les supérieurs des principaux ordres religieux, sans en excepter celui des *camaldules*, confondu depuis 1532 avec la congrégation des ermites de saint *Romuald*.

Laure de la Viloutrelle, élevée par sa mère dans une condition médiocre, appartenoit à une famille noble par les femmes, et qui avoit des ramifications étendues sur l'Espagne et l'Italie. Dans les papiers de son oncle d'Arles, elle trouva la preuve qu'un Almida Folcarini, cinquième frère de sa mère, et dès long-temps oublié de sa famille, devoit habiter à Venise ; elle y vint, après un séjour de plusieurs années, dans un couvent de carmélites, à Tolède, sous la robe de novice.

Almida Folcarini avoit navigué au service de Saint-Marc ; il fut introduit dans le corps de la noblesse vénitienne, par l'adoption d'un *Folcarini*, ancien membre *du conseil des priés* (sénat), du conseil des Dix, puis, grand *inquisiteur d'état*. Ce patricien fit la fortune du jeune Almida, qui l'avoit servi dans une affaire d'estocade avec un courage allant jusqu'à la férocité ; et différentes missions auprès des provéditeurs des provinces de terre ferme ayant signalé l'Espagnol à la sollicitude du doge, il seconda les vues bienveillantes de l'adoptif, en faisant monter l'adopté au siége noir.

Almida accueillit sa nièce, la retint dans son palais. La poésie sombre empreinte dans son maintien, son visage, ses paroles, et inspirée par la colère furieuse de son amour insulté, plut à l'Espagno-Vénitien ; organisé dans le système moral des Almida, il reconnut avec joie son sang et ses instincts.

C'est le 24 mars que le doge reçut l'invitation, par le garde-des-sceaux de France, de livrer à la justice française Laure de la Viloutrelle et Elie Déé, devant être poursuivis pour rapt et empoisonnement, à la requête d'Antoine Minard, président à mortier au parlement de Paris. Le duc-roi fit parvenir aussitôt la requête à celui des Dix, faisant les fonctions *d'accusateur public* dans le conseil : c'étoit Almida Folcarini.

Une heure avant qu'il ne montât la gondole de Piétro, Elie Déé, à la fenêtre de la maison du potier d'étain, Buvarini, Laure de la Viloutrelle, passant dans une gondole, à visage découvert, se regardoient, se reconnoissoient. Il y eut bien des promesses de faites par les regards que ces deux complices jetèrent l'un sur l'autre ; mais du reste leur reconnoissance ne donna lieu à aucun incident apparent. Le vieillard bégaya ce mot : « La voilà ! » Laure fronça ses noirs sourcils, pas un mot sur ses lèvres, plus rien sur son visage.

Dans la soirée de ce jour, Pietro, flottant entre mille craintes ; arrivé, par l'approche de l'instant décisif, à la conviction de la réalité de l'inscription révélée par le chanoine de Saint-George-Majeur, monta chez Elie Déé. Le juif sourit en le voyant.

— Tout arrive à propos aujourd'hui, gondolier ; je cherchois une femme, je l'ai vue ; je vous attendois, vous voici.

— Que me voulez-vous, saint Élie Déé?

— Vous prier d'une chose faisable et à faire.

— Laquelle.

— Oh! mais, gondolier, pas de vains scrupules, pas de vaines peurs.....

— Mauvais préambule, flambeau d'Israël.

—...... Flatterie d'un serviteur des grands, c'est-à-dire maladroite; si Israël n'avoit que moi pour flambeau, il se trouveroit dans les ténèbres de Ninive....., et cependant, Pietro, j'accepte une partie de ce compliment; la certitude de voir s'expliquer enfin le problème de ma destinée, de voir se réaliser la devise dorée de mon étoile rajeunit mes perceptions, et jette dans le foyer de mon intelligence des parcelles de cet encens qui, devant le tabernacle, lance de soudaines et vives illuminations. Oui, aujourd'hui, à cette heure, je suffirois à conduire les tribus dans les vastes routes du *Sennaar!* — Il disoit vrai, il avoit en ce moment, dans le jeu de son esprit, dans les ressorts de son corps si vieux, une incroyable animation.

— Parlons affaire, — reprit-il nettement, en arrêtant un regard ferme sur le gondolier, qui pâlissoit et trembloit, sans s'en expliquer la cause.

— Tu connois tout Venise, Pietro?

— Mais, Venise a soixante-douze îles et bien des lagunes.

— Qu'importe le nombre, tu les connois, et mêmement les gondoles, et mêmement les gondoliers, les passagers.

— Oh! ma science......

— Est celle d'un familier de l'inquisition, d'un agent secret du conseil des Dix......... Tu sais tout ce qu'il faut que tu saches pour m'être utile.

— Parlez donc, répondit Pietro avec soumission.

Elie Déé, qui étoit assis, prit la main de son

interlocuteur, l'attira par un geste brusque, le contint près de son siége ; et, avec une voix saccadée, timbrée sur mille tons différens :
— Gondolier, il existe un charme qui est funeste à ma destinée, et doit, demain, faire mentir la générosité de saint Théodore : ce charme, il faut le rompre ; toi seul peux y parvenir.

— J'écoute.

— Une femme non voilée a passé ce matin sous la fenêtre de cette maison. Cette femme est le signe maudit que ma dévotion veut effacer ; promets-moi de seconder ma dévotion.

— Le nom de cette femme ?

— C'est une Française d'origine espagnole,.... elle vient d'Arles.... Laure de la Viloutrelle est son nom.

Pietro mordit violemment sa lèvre inférieure.

— Apprends ceci, gondolier : si cette femme existe un jour encore, moi, je meurs ! Et tu sais si ma mort prématurée seroit fatale à ta fortune!

— Mais que faire? demanda Pietro avec bonhomie.

— Tiens, homme habile et expéditif en tant de choses, prends ce papier. Lis avec attention les lettres rouges qui y sont écrites; apprends-les bien de mémoire, et cours aussitôt chez les droguistes de Venise, demande à chacun une seule des substances énoncées dans cette recette. Je préparerai le tout, et tu en feras l'usage que je t'indiquerai.

— La moitié de ma besogne est faite, pensa le gondolier privé; je possède déjà le papier aux lettres rouges. — Savez-vous, vieillard, demande-t-il au juif, à quels liens tient cette dame Laure de la Viloutrelle?

— A ceux de l'enfer! s'écria Elie.

— Mais, s'il existe un traité entre elle et Satan.

— Apporte-moi ce que contient ce papier;

je la ferai brusquement arriver au terme du marché

— Et à minuit, 25 mars, vous descendez au caveau ?

— Oui, j'y descendrai, gondolier...... J'y descendrai !.... plus heureux que Nabuchodonosor, je contemplerai sans péril ces immenses richesses devenues ma propriété et la tienne. La nuit dernière, Pietro, je me suis arrêté plusieurs heures dans la galerie ; de cette baguette de fer, élève assez docile, j'ai frappé légèrement la pierre. Il s'est fait un retentissement métallique, ce n'étoit point un vain bruit, mais un son argentin et pénétrant ! J'ai frappé de nouveau, et jusqu'au jour j'ai charmé mon oreille avec cette délicieuse harmonie !

— A minuit donc, saint Elie Déé.

— A minuit. Mais je veux posséder avant les substances de ma recette.

— Vous les aurez.

— Je veux ta parole que l'usage en sera fait par toi, selon mes désirs.

— Je vous la donne.

Dans la soirée, Pietro remettoit à Elie Déé plusieurs petits paquets recueillis chez les droguistes de la ville. Le vieillard resta jusqu'à près de minuit à opérer la mixtion des poudres. Buvarini et le gondolier vinrent l'arracher à ses travaux chimiques.

— Il est l'heure, dit le potier d'étain.

— Encore quelques minutes, ajouta Pietro, et nous serons au grand anniversaire de la naissance du monde !

— Et tous trois, plus riches que Job avant son malheur, nous vivrons sur cette terre, de la vie du paradis! s'écria Elie Déé, oublieux de sa vieillesse.

La petite galerie souterraine avoit son issue fermée par une grille cintrée donnant sur un petit caveau voisin de l'escalier de la maison. La porte du caveau, la grille de la galerie étoient ouvertes, une lanterne allumée et une pioche étoient déposées à terre.

Ces trois hommes s'arrêtèrent au pied de l'escalier, et se regardèrent tous trois. La lueur de la lampe portée par Buvarini jetoit sur ces trois visages, rendus bien étranges par leurs passions du moment, une clarté fantastique. Elie Déé eut un mouvement d'hésitation.

— Je n'entre dans cette galerie qu'autant que vous m'aurez juré de nouveau, gondolier, de faire boire à la dame Laure de la Viloutrelle le breuvage préparé là haut.

— Elle le boira, je vous le jure.

— Et ces richesses, vous n'oserez, enfans, en contester le partage à ma vieillesse !

— L'héritage fuirait de nos mains !

— Au premier coup de l'horloge, le premier coup de pioche, Elie Déé ! dit Buvarini, sur le ton d'une fervente recommandation.

Elie Déé ne répondit rien, se baissa, ramassa la lanterne et la pioche, et jeta un dernier regard sur le gondolier et le potier d'étain : au moment où il se retourna pour s'avancer dans la galerie, ces deux hommes, agités par tant de passions contraires, cédèrent à une peur superstitieuse, s'inclinèrent devant le vieillard qu'ils devoient poignarder dans peu de minutes, en face de saint Théodore, et baisèrent sa robe.

— Ne levez la pioche qu'au signal de minuit ! répétèrent-ils en se retirant.

Le juif atteint, pendant soixante ans de sa vie, de la monomanie des trésors enfouis, étoit arrivé, selon sa conviction, au moment le plus solennel que puisse désirer l'astrologue ou le fou lisant dans les cieux. La promesse révélée par la voix mystérieuse de l'astrologie, et qui avoit dit : *Tu mourras riche*, alloit se réaliser ; il vivoit, il comptoit sur un jour de plus, et avant l'heure où paroîtroit la clarté de ce jour, il seroit riche ; ainsi l'avoit dit la lettre de son étoile. Une inquiétude auroit dû le saisir, — celle que la pierre cimentée dans les membrures de la voûte résistât aux coups de ses bras déjà fatigués par le poids de quatre-vingt-six ans. Mais le doute à cet égard ne lui vint même pas.

— Porte du ciel ! s'écria-t-il, en regardant la pierre, dont la vétusté de plusieurs siècles insultoit par sa force à sa caducité de quelques années. — Porte du ciel, abaisse-toi ! Saint Théodore, montre-toi, couvert encore des oripeaux et des perles dont la dévotion chargea tes os ; — montre-toi ! et je me fais catholique ! et je t'élève un mausolée dont le parvis sera de marbre ; la croix, de l'or le plus pur ! — Il s'agenouilla, faisant face à la pierre. — Je m'éveille ! ma vie entière ne fut qu'un long et douloureux sommeil ; je m'éveille ! ma destinée réelle va commencer !

— A saint Théodore, salut !..... Le 25 mars est commencé !..... Il est minuit ! Ces paroles retentirent dans la galerie, Buvarini les prononçoit d'une voix haletante.

— Il est minuit ! cria à son tour le gondolier.

Elie Déé se releva avec l'agilité d'une volonté jeune, et porta, sur un coin de la pierre, un premier coup de pioche avec l'adresse d'une mâle vigueur. Le savant vieillard frappoit sans précipitation, afin de ne perdre ni force, ni haleine. Si sa préoccupation n'avoit pas été absorbante, il eût entendu dans les intervalles de ses coups une voix qui, partie de loin, crioit les heures; et une autre voix, à trente pas environ, sans doute à l'entrée de la galerie souterraine, qui répétoit d'une voix sourde le chiffre de l'heure.

Pendant que l'horloge sonnoit douze fois, le juif n'avoit pas frappé plus de douze coups.

— Le dernier des douze coups de minuit à Saint-Marc! cria Buvarini d'une voix éclatante.

— Minuit sonné vieillard! cria Piétro, dépassant la grille.

— *Vade retro, Satanas!* cria le juif d'une voix glapissante. — Au large, Pietro!........ N'approche pas, gondolier!..... Garde que le

regard de saint Théodore ne t'aperçoive !....
Laisse faire au vieillard ! laisse faire !...... La
pierre chancelle, elle va tomber !.....

Pietro s'étoit encore avancé. Elie Déé suspendit son attaque contre la porte du trésor, déposa la pioche, prit la lanterne, fit un pas comme s'il alloit se retirer, et s'arrêta aussitôt qu'il eut fait jouer la lueur de sa lumière sur le visage du gondolier.

— Le moment est décisif ! — lui dit-il avec autorité. — Veux-tu insulter aux morts et à la fortune qui t'ouvre ses bras ?..... Ta présence ici est une participation à un acte que t'inderdit la lettre expresse de ce testament..... Encore un mouvement de ma main, et la pierre tombe !.... Entends-tu bien cela, impur gondolier... Une seconde encore, et tu meurs pauvre et damné, ou tu vis plus riche que n'est Venise !.... Ecoute, écoute bien ! Entends-tu ce bruit derrière cette pierre ? saint Théodore s'agite..... ses ossemens frappent la dalle......

Pietro fit un bond en arrière ; la barbe d'Elie Déé se roidit, ses yeux s'ouvrirent plus grands, plus étincelans que de coutume ; car le juif ne mentoit pas ; la pierre, presque déchaussée, laissoit de grands jours, et un bruit étrange se faisoit entendre derrière.

— Eh bien ! demanda Buvarini, arrivé jusqu'au gondolier en se traînant, tant l'attente avoit écrasé ses forces.

— Silence ! Buvarini, dit Pietro, se reculant encore, et plaçant sa main de fer sur le bras du potier d'étain. — Silence ! il faut laisser faire au vieillard.... Tout est vrai dans la parole de ton oncle !.... Là bas, vois-tu, derrière ce point blanc, il y a de quoi payer dix poignards pour tuer les Dix !........ Eloignons-nous !.... A l'œuvre, sage Elie ! à l'œuvre !

— Et vous respecterez le saint ! — dit Elie s'avançant alors jusqu'à la grille.

— Oui, Elie, répondirent ensemble Pietro et Buvarini.

— Bien, répliqua le vieillard d'une voix ferme. Il retourna vers le granit testamentaire, ressaisit sa pioche, ne donna qu'un coup, la pierre chancela. Elie jeta sa pioche, accrocha ses mains aux angles supérieurs de la pierre, tira de manière à briser le dernier ressort de sa frêle existence; la pierre fit un jeu de bascule; au lieu de s'abattre en avant, s'abattit en arrière, entraînant le corps du juif qui disparut aussitôt avec un grand bruit.

L'angoisse de Buvarini et de Pietro étoit trop poignante pour qu'ils fussent restés éloignés du spectacle merveilleux de la découverte du trésor. — Ils virent Elie abandonner son instrument, s'accrocher à la pierre, se pencher sur elle, glisser et disparoître. La clarté douteuse de la lanterne contribuoit à éblouir leur vue fatiguée : ils crurent à un vertige, s'élancèrent en avant,...... regardèrent...... Un cri affreux leur échappa.

Une eau infecte et noire clapotoit en bouillonnant sur des maçonneries à fleur de terre, qui formoient un bassin de cinq pieds de large, de quinze pieds de long.

La pierre étoit encore scellée à ses parois latéraux par deux énormes broches *vilebrequinées* dans la muraille. A la partie supérieure de sa plate-forme intérieure étoit attaché un gros anneau de fer, auquel pendoit une forte chaîne qui alloit se perdre dans le gouffre d'eau; à l'extrémité de cette chaîne devoit se trouver un poids énorme, car la pierre fut retenue, formant une planche glissante sur l'abîme.

Ces moines du douzième siècle, ils avoient comme cela des ruses infernales !

V.

LE SURVEILLANT.

Le Surveillant.

Moins de trois quarts d'heure après la prise de possession de l'héritage de saint Théodore, par Elie Déé, un homme attachoit un écriteau sur le corps d'un autre homme renversé sous le portail de Saint-Marc; et, au lever du jour, le hasard permit que beaucoup de matelots, qui avoient lu ces mots sur l'écriteau de l'homme égorgé : *Le conseil des Dix avertit ainsi la trahison,* remarquèrent le potier d'étain Buvarini conduisant dans le Rialto une gondole aux armes de Venise ; — il portoit au cou la chaîne d'argent, attribut des gondoliers privés, qu'avoit portée Pietro.

VI.

CLARENCE DE NOSTREDAME.

Clarence de Nostredame.

Sur le *Broglio, foyer* en plein air de la noblesse de Venise, deux nobles, l'un *présenté* de la veille, mais trop jeune encore pour prendre la robe et siéger au grand conseil; l'autre, depuis trois ans l'un des *quarante et un* électeurs du doge, ce qui pouvoit, en raison de sa figure, conservant les agrémens de la jeunesse, lui infliger environ trente-cinq ans, — causoient avec l'intimité ordinaire entre deux compagnons de plaisirs, deux rivaux en bonnes fortunes faciles. L'un et l'autre appartenoient à une des douze grandes maisons électorales ; le plus âgé affectoit déjà la gravité d'un homme admis dans la confidence des secrets d'état de son pays ; le plus jeune dans son maintien, dans ses gestes, dans sa mise, dans son parlage, se complaisoit aux allures des *raffinés;* — sorte d'espèce encore rare, et dont la cour de Henri II, de France, étoit à la fois le berceau et l'école.

— *Barozzi,* disoit l'*électeur,* tu vas brûler tes ailes à cette lampe de nuit, allumée par la Mavredi. Prends-y garde !

— La sainte Vierge, *Morosini,* m'a jeté un doux regard de ses beaux yeux ! et la flamme de ce regard éclaireroit encore mon amour, si la lampe de la Rosalina venoit à s'éteindre.

— Et ta Vierge est de France ?

— De France, Morosini.

— Presque enfant, m'as-tu dit ?

— L'âge d'une rose, dont le vermillon est adouci par la rosée du matin !

— Enfant !

— Dis plutôt amoureux !

— Et que puis-je à cela ?

— Reconnoître le service que je t'ai rendu il y a quinze jours.

— Brave Barozzi, trois coups de stylet sur ta jeune poitrine, trois qui m'appartenoient sans partage !.... C'est plus que n'auroit demandé mon amitié, pour te rester fidèle ! Parle, j'obéirai.

— *Cornaro*, l'un des *quatre évangélistes*, cet ancien gouverneur de *Palma Nova*, dans la *Patria del Friouli*, Cornaro qui auroit été doge, si sa femme eût été plus jolie, a passé avec la Mavredi un infâme marché !... Cette nuit, la Clarence va se réveiller innocente et prostituée, dans les bras du vieil évangéliste ! Et pour empêcher le triomphe du vieillard, pour surprendre demain matin, au lieu d'une larme, un sourire de volupté dans les yeux de Clarence.... Je donnerois, Morosini, tout ce que me promet ma pensée aventureuse, ma noblesse et mon épée !.... Je donnerois....

— Contente-toi, enfant, de me donner un moyen de t'être utile.

— Être maître de l'emploi du temps, c'est tout posséder.... Pour cette nuit tout est prêt dans le boudoir de la Rosalina, le souper, le flacon du sommeil...... Cornaro s'est donné la nuit entière pour l'accomplissement de ses projets.... Il faut occuper sa nuit.

— C'est chose facile.

— J'ai prévu le contraire; trop de sacrifices ont été faits par le sénateur ! Trop d'or a été déposé, par lui, aux pieds de la belle madone, ornement secret du salon de la prostituée. La lubricité de l'impur vieillard lui rendra tout obstacle surmontable..... Ma seule espérance est en toi !

— Enfin !.... dit l'électeur impatienté.

Le jeune homme ôta sa toque, et saluant son ami avec une dignité sérieuse :

— Vénérable membre du conseil des Dix, vous avez bien du pouvoir !

— Beaucoup moins qu'un homme aussi riche et aussi méchant que l'est Cornaro.

— Le mal qu'il fait par caractère, tu peux le faire par position.

— Enigmatique enfant, va donc au but !

— Fais arrêter Cornaro. Affilié du parti protestant, il conspire avec des princes d'Allemagne.

— La preuve ?

— En demandes-tu contre tous ceux que tu accuses ?

— Cornaro est sénateur !

— Sans talent, sans autre influence que celle donnée par sa richesse.

— Il a de nombreux clients.

— Tous mendians !

— D'autant plus dangereux.

—Mais si tu ne l'arrêtes pas, Morosini, moi je le tue !

— L'assassiner !

— Fi donc !.... Je le tue comme il convient à un noble Vénitien, épée contre épée !

— Lame d'acier contre un fourreau de bois, Barozzi !..... Ta proposition est inadmissible, Cornaro a prêté des sommes considérables à l'espagnol Almida Folcarini, dont la puissance, dans le conseil, est souveraine. Je suis le plus jeune des Dix, et le plus sage avertissement que m'ait donné ma raison, c'est d'éviter toute contestation avec ce Folcarini.... Tu vois bien que je ne puis rien contre ton rival,..... si ce n'est.....

— Oh! mystérieux personnage, ne retiens pas ta parole ! s'écria Barozzi, pressant à deux mains le bras de son ami. Si ce n'est?....

— Te confier une fiole, — arme terrible de l'arsenal du conseil.

— Qui donnera la mort ?

— Non, l'oubli de toutes choses, — la folie du sage.

— La précieuse liqueur inventée par le doge *Pierre Polano !*

— Mais souviens-toi qu'en te la confiant, je hasarde ma tête.

— Oh ! Morosini, peux-tu craindre que je trahisse jamais la cause de l'amitié !

— Avant le coucher du soleil, montre-toi au Lido, nous ferons une promenade sur le canal, — je te remettrai la fiole.

Il étoit vrai : conformément aux instructions données par Laure de la Viloutrelle, la courtisane avoit épié le moment où, dans les yeux de Clarence de Nostredame, paroîtroit ce voile humide, symptôme de l'inquiétude qui saisit la vierge nubile, et, sur ses pensées du jour comme dans ses rêves, jette ces teintes mélancoliques dont s'enveloppe avec bonheur la langueur amoureuse. Pour hâter ce moment, rien n'avoit été épargné par la savante Mavredi, parfums des fleurs, étourdissement des fêtes, charme indicible des belles nuits contemplées pendant une course sur le golfe, bruits harmonieux et imprévus de la musique, culture des arts, dont *Florence la belle* répandoit les trésors sur l'Italie, comme la corbeille inclinée épand les fleurs qui la parfument, — tout ce qui pouvoit avoir sur les sens une action enivrante et séductrice, la courtisane l'employa pour instruire la fille de Michel de Nostredame, déjà trop oublieuse du toit qu'elle avoit déserté; trop désireuse aussi de connoître ces plaisirs où s'altère la candeur de l'ame, où se flétrit l'innocence.

Cornaro, dont la famille avoit donné des doges à la république, sénateur, un des nobles les plus opulens de Venise, homme sans mœurs, — nous aurions dit sans probité, si l'absence de cette vertu n'eût pas été une capacité de plus chez l'homme d'état, — Cornaro étoit le cavalier de Venise choisi par la Mavredi, car le vieillard avoit donné beaucoup d'or à la courtisane.

Mais ce que la spéculation ne sauroit souvent prévoir et à peine empêcher, l'instinct de nature devoit trahir ou devancer les projets. La curieuse Clarence avoit mille fois regardé le jeune Barozzi, et, ignorante encore de la souillure promise à ses attraits naissans, elle trouvoit, dans le souvenir de la jeunesse pleine d'élégance du Vénitien, l'inspiration d'une image assidue et gracieuse.

Il étoit nuit. Assise, rêveuse, sur la terrasse de la maison de sa gardienne, Clarence prêtoit l'oreille, contemploit le ciel, l'horizon de la mer, et cherchoit une pensée qui pût occuper son esprit, prendre une forme sous son regard inquiet et passionné. La courtisane, silencieuse, étoit à ses côtés.

— Oh! dame Rosalina, — s'écria tout à coup Clarence, — j'entends la barcarole! c'est la voix du seigneur Barozzi.

— Un fou! dit sèchement la Rosalina Mavredi.

— Un des beaux cavaliers de Venise!

— Sans fortune.

— De haute origine !

— Et qui mourra en aventurier, ou par une balle, ou par une dague, ou sous les plombs.

— Qu'importe ! dame Mavredi, si la mort ne l'atteint qu'après le bonheur.

— Le bonheur, Clarence, à votre âge, on le cherche où il se perd.

— Je ne sais pas, dit à demi-voix la jeune fille.

Elle alloit se recueillir dans le vague de ses idées, lorsque vinrent à tinter les larges molettes d'éperons d'or, sur la marche de marbre de l'escalier, et bientôt se dessina sur la terrasse, dans la demi-obscurité d'une belle nuit d'Italie, ce Julien Barozzi dont la voix avoit retenti, lorsque la gondole qui le portoit glissoit encore dans la lagune.

Il salua Clarence à la façon d'un amoureux, et, prenant un ton familier pour s'adresser à la Rosalina :

— Eh bien ! savez-vous la nouvelle ? Un miracle dans le Rialto ! saint Théodore a noyé un juif !

— Je ferai dire deux messes à Saint-Pierre *in Castello*, dit en se signant la courtisane.

— Saint Théodore a noyé un juif ? reprit Clarence.

— Oui, vraiment, bel astre, noyé, sans espoir de retour !.... La maison d'un potier d'étain a été le théâtre de cet acte de justice, car on dit que le juif y vouloit déterrer saint Théodore, pour en vendre les reliques. — Et si nous n'étions pas dans un lieu où les paroles s'en vont de tous côtés, je vous dirois qu'il y a eu étrange sorcellerie dans cette affaire. L'inquisition s'en est mêlée ; le fameux Pietro a été trouvé mort devant Saint-Marc ; et son ami, le propriétaire de la maison de saint Théodore, le potier d'étain, Buvarini, porte aujourd'hui la chaîne de gondolier privé. La maison va être murée.

— Sait-on quel étoit ce juif ? demanda la fille de Nostredame.

— Arrivé depuis peu à Venise, il y étoit peu connu ; on dit qu'il étoit bien vieux, et se nommoit Elie Déé.

— Elie Déé ? seigneur Barozzi !

— Pourquoi cette surprise ? il vous est inconnu.

— Elie Déé, avez-vous dit ?

— Encore une fois, ce nom vous est donc familier ?

— Oui, — répondit Clarence en baissant la tête. — Oui, je me rappelle avoir vu quelqu'un qui pleuroit et gémissoit en prononçant ce nom.

— Dieu le brûle ! dit gaiement Barozzi. — Pour moi, qui ne donne rien aux saints, je n'ai rien à prétendre sur leurs reliques.

— Silence ! mécréant, dit la dame Albana avec gravité.

— Parlons de la régate qui se fera demain, répliqua le jeune homme.

— Vous y serez ?

— Oui, belle de Venise! et ma *Pisolere* s'appellera Clarence. Je veux que, dans sa course, elle fasse jaillir l'eau dans la *peote* du vieux Cornaro, le lourd sénateur!

— Descendons de cette terrasse, interrompit la courtisane avec impatience. — La brise se forme, et vous pourriez, enfant, altérer au vent de la nuit vos chairs délicates.

Au moment où ces trois personnes descendaient l'escalier de la terrasse, Cornaro, le sénateur, entroit dans les appartemens de la dame Mavredi. Barozzi avoit eu le temps de prendre la main de Clarence, et d'y appuyer ses lèvres, il se retira, confiant à d'autres instans les espérances de son amour.

Tout étoit prêt pour cette dégoûtante fête : la prise de possession d'une jeune fille endormie par un misérable vieillard. Endormie, Clarence l'étoit, et du plus profond sommeil; portée dans cet état sous les tentures d'une alcôve, où pénétroit le demi jour d'azur, produit par deux lampes enveloppées de globes en cristal bleu, elle étoit là, victime achetée.

Mais chacun avoit eu sa part dans le festin intime qui avoit dû servir de prélude à ce crime honteux. A Clarence de Nostredame, le narcotique; à la dame Rosalina et au sénateur, la fatale liqueur inventée par le doge Pierre Polano.

La complice de Laure de la Viloutrelle cherchoit dans un sommeil tout étrange, même pour sa raison chancelante, l'oubli de son infâme marché : Cornaro, dans la solitude de l'appartement où reposoit Clarence, s'efforçoit de rassurer, par d'impurs désirs, ses esprits aux abois. Il s'approcha du lit; avec une lame de poignard, d'une main encore assez ferme, il trancha brutalement la soie, les lacets du corsage, et ses regards troublés alloient s'arrêter sur les charmes qu'il venoit de mettre à nu, lorsqu'un homme, dressé depuis une minute derrière la jalousie de la fenêtre laissée ouverte, tomba d'un bond léger dans l'appartement; d'une main jeta une écharpe noire sur le corps et la tête de Clarence, tandis que de l'autre il repoussa rudement le vieillard, dont la terreur commença et compléta la folie.

Cet homme, c'étoit Barozzi. Il éprouva un plaisir cruel à se placer face à face avec le sénateur, et se prit à rire, malgré sa jalouse colère, en voyant ce malheureux que sa fortune et son nom rendoient si puissant maintenant privé du flambeau de l'homme, devenir moins que la brute intelligente, et, pour ainsi dire cherchant, hébété, le genre de folie qui alloit convenir à ses organes. Cornaro, voyant rire, rit aussi, de manière à faire frissonner son ennemi ; car sa bouche seule étoit rieuse, ses yeux se chargeoient d'une indéfinissable expression de peur et de rage.—Excellence ! cria Barozzi en agitant le bras du vieillard.

— Quoi? dit celui-ci.

— La nuit est devenue sombre, mais la lampe brûle..., tout dort dans Venise, Clarence aussi; eh bien ! excellence, ne m'entendez-vous pas?...

— Vous êtes un serviteur du doge, allez lui dire qu'Almida Folcarini veut à son tour épouser la mer.

—Et toi, vieillard?

— Je suis le frère de saint *Laurent Justiniani*, premier patriarche de Venise. Et aussitôt une manie traversant l'esprit de Cornaro, il s'avança rapidement vers le lit, s'agenouilla, et courbant la tête, récita des litanies. Barozzi le suivoit de près; certain d'avoir anéanti l'homme, sans attenter à sa vie, il saisit avec adresse et vigueur le corps de la jeune fille, l'enleva sur un de ses bras, et son stylet entre ses dents, monta sur la fenêtre. Prêt à descendre en dehors, il se retourna : le vieillard n'avoit pas changé sa pose, il continuoit sa monotone récitation...

—A la statue de Pierre Polano, un chapelet d'or! s'écria le jeune homme, et avant de se hasarder sur les tresses de son échelle de soie, il posa ses lèvres sur les lèvres muettes et insensibles de Clarence de Nostredame.

Le lendemain matin, cinq personnes masquées faisoient irruption dans la maison de la dame Rosalina Mavredi ; un message particulier, venu de France, redemandoient la fille de Nostredame, enlevée par Laure de la Viloutrelle. Le Doge avoit communiqué la réclamation aux trois grands inquisiteurs, et leurs agens, bien informés, pénétroient chez la courtisane. Ils la trouvèrent dans sa chambre, à demivê tue, montée droite, et les jambes, et les pieds nus, sur un meuble à tablette en marbre : elle se hissoit sur ses orteils, étendoit ses bras en l'air, et, en pleurant à chaudes larmes, grattoit le plafond avec ses doigts, — elle cherchoit des toiles d'araignées.

Le sénateur s'étoit définitivement attaché à la manie religieuse ; il étoit tour à tour pape ou évêque, frère du patriarche saint Laurent Justiniani (1450). Comme pape, il répétoit nettement les paroles d'Alexandre au doge Ziani. « *Recevez cet anneau, pour le donner tous les ans à pareil jour à la mer, comme à votre légitime épouse, afin que toute la postérité sache que la mer vous appartient par le droit des armes.* » Comme évêque, il s'agenouilloit et ne récitoit qu'une oraison, les litanies.

Le sénat de Venise fut ému de cet événement; Almida Folcarini, craignant que la démence du vieillard ne lui suscitât des révélations à ses héritiers sur les sommes considérables qu'il lui avoit prêtées, dit qu'il y avoit péril pour les secrets d'état, se fit assister de la famille même de Cornaro, et obtint qu'il fût recueilli sous les Plombs.

Le haut clergé fit enfermer Rosalina dans une cellule de séquestre, chez les camaldules.

VII.

L'ANNEAU DE PAILLE.

L'Anneau de Paille.

Le 25 octobre 1499 (an de grâce, où Louis XII conquit en vingt fois douze heures le Milanez) avoit été un bien mauvais jour pour *Jacques Piédefert,* prévôt des marchands de Paris. Ce Jacques Piédefert, un des plus orgueilleux magistrats qui jamais aient eu droit de juridiction sur le commerce par eau, droit de taxe sur les marchandises débitées sur les ports, et autorité de conseil et de préséance dans les cérémonies publiques de la grande ville, avoit en outre, de tous les mauvais penchans qui donnent naissance aux péchés véniels, un penchant déterminé à un des plus damnables péchés mortels, celui de concupiscence.

Or, la femme jeune et jolie d'un *encomiaste délégué*, de la faculté de médecine de Paris, avoit un certain dimanche, en l'église de saint *Pierre-aux-Bœufs*, étrangement excité les désirs du beau sire Jacques Piédefert; et le dangereux prévôt s'étoit mis sans coup férir en campagne pour découvrir le gîte où la gente personne reposait sous l'alcôve ses grâces corporelles, aussi bien que la pétulance de son esprit, révélée par ses beaux yeux. C'étoit sur le pont Notre-Dame qu'habitoit la femme de l'encomiaste; depuis cette découverte, le premier magistrat municipal de la bonne ville de Paris perdant le boire, le manger et le dormir, dérogeant même à sa fidélité conjugale aussi bien qu'à la sévérité fiscale qui présidoit à ses taxes, se plaçoit à l'issue du pont, aboutissant à la rue de la Planche-Mibray, et, au risque d'être trop remarqué par ses administrés, le cou tendu, les yeux dirigés vers le second étage d'une petite maison flanquée de deux moulins,—le jour, il attendoit qu'une fenêtre s'ouvrît, qu'une tête de femme s'y montrât; le soir, il suivoit les mouvemens de la lumière qui éclairoit l'appartement et illuminoit la vitre de sa foible lueur;—puis, heure du couvre-feu, il se retiroit, l'amoureux Piédefert, pour faire profiter sa noble moitié du peu d'imagination que lui avoit laissé l'ennui de l'attente et les longueurs de sa faction.

Vingt-cinq octobre, donc, le prévôt des marchands étoit à son poste d'amour; l'*encomiaste* femelle venoit d'arroser quelques fleurs placées sur sa fenêtre, œillets et giroflées; — plantes *domestiques* destinées à toutes les époques à égayer de leur senteur et de leur coloris la taciturnité des demeures parisiennes. Un long regard de la dame avoit dardé sur les yeux émerveillés de Jacques Piédefert, et lui avoit promis sans doute de quoi porter en son ame grande joie et volupté, car il sembla au tressaillement de son corps qu'un doux chatouillement en eût irrité l'épiderme, au clignotement de ses yeux qu'une étincelle eût piqué ses paupières ; ébloui, il les couvroit de ses mains, et se privant du jour, il attendoit, recueilli, que le trouble de ses sens fût apaisé... Un grand craquement retentit dans l'air, il ne l'entendit pas ; un horrible déchirement le suivit avec un formidable cri ; Jacques Piédefert leva la tête..., le pont Notre-Dame tomboit dans la Seine, moulins, maisons, la femme de l'encomiaste, l'encomiaste lui-même avoient disparu. Les giroflées, seules, arrachées dans leur chute à la caisse qui les contenoit, surnageoient au courant de la rivière ; fleurs égarées sur cette tombe mouvante, elles rappeloient à l'esprit épouvanté du prévôt que les joies de ce monde sont décevantes, qu'un magistrat municipal est coupable lorsqu'il laisse avarier et tomber à l'eau les ponts préposés à sa garde.

Jacques Piédefert fut emprisonné ; facilité d'isolement laissée à sa douleur et à sa pénitence.

On établit un bac à la place du pont, mais il fallut un arrêt en bonne forme du parlement pour faire taire les seigneurs abbés et religieux de Saint-Germain-des-Prés, privilégiés à perpétuité par *Childebert*, et qui s'opposoient par grandes menaces et criailleries à l'établissement de ce bac.

Joconde, cordelier véronois (maître de Jules Scaliger), reconstruisit en pierre le pont Notre-Dame (1507), aux dépens de la ville, qui en acquit la propriété, et le chargea des deux côtés de soixante-huit maisons de même hauteur et grandeur, ornées sur leurs faces de statues portant sur leur tête des corbeilles de fleurs, de fruits, et entrelacées de médailles à l'effigie des rois de France, avec noms, dates d'avénemens et devises élogieuses.

Le temps a élagué tous ces ornemens, nivelé les parapets de ce pont magnifique, mais en 1549 il jouissoit de toute la vogue accordée aux choses belles et neuves; les logis de ses maisons étoient recherchés par des personnages de haute qualité, aussi bien que par des muguets à fraises blanches et fines, à bottines ennoblies par l'éperon d'or.

En l'un de ces logis habitoient depuis les derniers jours de septembre de ladite année (1549) deux tourtereaux voyageurs, jeune garçon et jeune fille habillés comme on l'est à Venise, tendres l'un pour l'autre comme on l'est pendant la durée des lunes de miel, et insoucieux de l'avenir comme lorsqu'on croit être sûr de son lendemain.

Ces voyageurs, nouveaux habitans du premier étage de la maison n° 16 du pont Notre-Dame, n'étoient autres que Barozzi et Clarence. Le noble Vénitien avoit accompli l'enlèvement de la fille de Michel avec cette habileté qui donne tant de charme et de prix aux aventures romanesques, et la belle Clarence, si oublieuse, si curieuse, si instinctivement amoureuse, fut balancée au roulis d'un léger navire, sillonnant l'Adriatique, le cap sur la France. Elle avoit dû se réveiller innocente et souillée par les embrassemens d'un vieillard, elle se vit heureuse et coupable dans les bras d'un jeune homme ! Celle que le désir de voir et l'humeur inquiète avoit si inconsidérément attachée aux pas de la fausse religieuse du Carmel devoit se consoler aisément d'abandonner l'enseignement de la Rosalina Mavredi.

Nous l'avons déjà dit, c'est sous Henri II que naquirent les muguets et les raffinés, de l'espèce abâtardie des chevaliers de François Ier. Ils couroient les belles sur le cours la Reine, et, entre deux causeries d'amourettes, ils traversoient la rivière pour aller verser leur sang sur le Pré-aux-Clercs. En commençant son règne par l'autorisation du duel entre *Jarnac* et de *la Châtaignerie*, son *enfant d'honneur*, qui y fut tué, Henri II mit à la mode les coups de dagues et d'estocs en *camp clos ;* mêmement il donna l'exemple d'une galanterie effrontée et mal séante, en affectant des passions qui se prenoient publiquement à bien d'autres qu'à la reine et à madame de Valentinois ; sautant ainsi au *plein saut* par dessus les règles de bonnes mœurs, comme il faisoit si habilement, dit Brantôme, par dessus les fossés pleins d'eau.

Peu de temps après son arrivée à Paris, Barozzi eut bientôt fait connaissance, lui, si heureux imitateur de leurs manières, avec les plus habiles raffinés de la cour. C'étoit peu qu'il marchât et parlât comme eux, il devait encore aimer et se battre ainsi que le prescrivoit l'usage. Un mot fut hasardé par un *Enguerrand* sur les plis de son manteau, il choisit aussitôt ses parrains, prit un batelet, traversa la Seine, et enfonça son épée jusqu'à la garde dans la poitrine d'Enguerrand ; c'était bien, mais ce ne fut point assez : il avoit des momens dont l'emploi restoit inconnu, des regards dont la réserve accusoit la pudeur, un gîte dont l'impraticable accès irrita des amours-propres; il fut sermoné sur tout cela : un seigneur de Montluc lui fit remarquer les beaux yeux de sa sœur Marianne, amie de madame de Valentinois. Barozzi regarda la sœur pour obéir au frère, il la suivit au prêche de Saint-Germain-l'Auxerrois, et pendant ce temps un nécromancien, arrêté devant la maison n° 16, sur le pont Notre-Dame, chantoit des fabliaux galans, adroitement jetoit une rose qui tomboit dans une chambre aux pieds de Clarence! la jeune fille, presque délaissée, ramassait la rose.

A quelques jours de là, Henri II, prenant ses ébats avec les sires de *Vassé*, de *Salvoison*, de *Montluc* et de *Lagarde*, disoit en riant :

— Par les beaux yeux de madame ta sœur, Montluc, je veux voir cette cérémonie!

— En quelle qualité, sire? demanda le baron de Lagarde.

— Je ne sais encore, mais j'y aviserai. Le grand roi, mon père, m'a laissé dans sa garderobe plus d'un costume de fantaisie... Moine ou soldat, flamand ou espagnol, le pourpoint sera de mon goût, s'il n'est pas pris sur la taille d'un hérétique.

— J'ai peine à comprendre, dit Salvoison, comment ce Vénitien se décide à de telles épousailles ; si la jeune fille est d'aussi charmant visage, il y a cruauté...

— Et qui t'a dit, comte, s'écria le roi, que la belle Mariane ne fût point cruelle? Le Barozzi lui plaît, elle veut un gage, et envoie sa devancière à *Sainte-Marine*...... Ai-je bien dit, Montluc?

— A merveille, sire !

Sainte Marine, vierge de Bithynie, vivoit dans le huitième siècle ; elle est inscrite au Martyrologe romain, à la date du 17 juillet. Introduite dans un couvent, sous le nom de *Marin*, avec les habits d'homme, elle y vécut selon la règle de l'ordre. Ses frères, trompés sur son sexe, l'accusèrent d'avoir séduit la fille d'un hôte qui alimentoit la communauté. Elle fut reléguée à la porte du monastère, y vécut d'aumônes pendant deux ans....... Son corps fut transporté, en 1230, de Grèce à Venise.

En la cité de Paris, rue Saint-Pierre-aux-Bœufs, existoit l'église Sainte-Marine ; à son autel se marioient les femmes qui avoient manqué à l'honneur, et l'anneau que le marié passoit au doigt de l'épouse étoit de paille.

Il faut convenir que Mariane de Montluc, confidente de madame de Valentinois, belle et ardente personne, une des conquêtes faciles du roi, avoit imaginé là un moyen bien cruel, ainsi que l'avoit dit le sire de Salvoison, pour désoler la jeune compagne de Barozzi. Celle-ci ignoroit complétement l'infamie que consacroit le prêtre à la chapelle de Sainte-Marine. Le Vénitien, pour obtenir mademoiselle de Montluc, auroit pis fait encore ; il proposa à Clarence un mariage qui pût la préserver des conséquences d'une lassitude mutuelle, elle accepta; et, toutes choses préparées par les raffinés, confidens de son fiancé, elle se rendit belle, presque naïve et toute émue par l'influence d'un sacrement aussi imposant, à l'église des prostituées.

La foule s'y trouvoit. Mariane de Montluc, masquée, étoit debout près de l'autel ; vis-à-vis d'elle, quatre religieux *guillemites*, le visage entièrement caché par une bavette noire attachée au camail. Le gentilhomme de Venise eut un peu de honte; voyant Clarence, confuse des murmures étranges de cette multitude, pâlir et chanceler, il se rappela la nuit chez la Mavredi, fut sur le point d'enlever encore dans ses bras la pauvre victime; mais la femme masquée se découvrit, il resta, et s'agenouilla aux côtés de l'inconséquente fille de Michel de Nostredame.

L'agitation de la foule venoit de se calmer; la cérémonie alloit commencer; un des religieux guillemites laissa voir une émotion de plus en plus croissante, il trépignoit : un instant même, le mouvement fut si brusque, que, sous sa longue robe noire et traînante, au lieu du claquement d'une sandale de moine, on entendit la petite sonnerie d'un éperon. Enfin, comme le prêtre récitoit les premières oraisons, le religieux, après avoir parlé à l'oreille d'un de ses frères, s'avança hardiment vers l'autre côté de l'autel, et, s'adressant à la dame démasquée, il lui dit à demi-voix :

— De par le roi, qui veut votre bonheur, madame, prenez la place de cette jeune fille, et recevez des mains d'un homme que vous aimez l'anneau qui convient à vos vertus.

— Moi ! s'écria la jeune femme.

— Vous-même, — répondit le moine sans plus se troubler; et, saisissant d'autorité une main qui vouloit le repousser, — obéissez, Mariane, le roi le veut ! La main du moine avoit laissé voir l'anneau royal, sa parole avoit laissé entendre la voix du roi. Mademoiselle de Montluc, éperdue, s'inclina : le guillemite la conduisit auprès de Barozzi, et, avec la même assurance, soulevant Clarence, il s'éloigna doucement, la confiant du geste au frère qui le suivoit.

Un des guillemites se trahit alors, et avec chaleur :

Cette femme est ma sœur !..... Je suis gentilhomme ! C'est outrager mon sang ! c'est flétrir ma famille.... Je suis gentilhomme, vous dis-je !

— Et hérétique ! — répondit l'autre, sur le ton de la demi-confidence, — secrètement souillé de cette plaie calviniste, dont notre Marguerite de Navarre, qui mourut le mois dernier, s'étoit guérie,.... conspirant avec les mécontens en religion.... Si le roi savoit cela, moine, il vous feroit brûler en estrapade....! Puis vous avez fait tuer, par ce muguet, tout à l'heure, votre beau-frère, un Enguerrand qui étoit cher au roi ! C'est mal : si le roi savoit cela, il vous feroit pendre, mon gentilhomme!.... Silence, moine. Retirez-vous; allez prier pour le roi, je vais prier pour votre salut !

Ayant dit ces mots, il croisa dévotement ses bras, regardant du coin de l'œil la belle Clarence défaillante, et s'occupant peu du tumulte qu'il venoit d'occasioner, non plus que de la pamoison de dame Mariane, de la stupeur de Barozzi.

Quant au prêtre, il avoit compris; — il disoit sa messe.

VIII.

MAITRESSE, EPOUSE ET FAVORITE.

Maîtresse, Epouse et Favorite.

Nicolas de Neuville, secrétaire des finances et audiencier de France, avoit une maison entre la Seine et la porte Saint-Honoré, sur l'emplacement des *Tuileries;* la duchesse d'Angoulême, mère de François Ier, quittant le palais des Tournelles, étoit venue l'habiter en 1509; et, plus tard, Henri II en avoit acquis une des ailes, dont les appartemens furent meublés, par ses ordres, avec une richesse et un gout dignes d'un prince amoureux et prodigue.

Le lendemain du jour où, selon la volonté royale, l'anneau de paille avoit été passé au doigt de Mariane de Montluc, une belle personne, demi-nue, le corps enveloppé dans un réseau à larges mailles tissues de soie blanche et de fils d'or, et étendue sur une couchette dont la housse étoit en damas noir, à franges d'argent, prêtoit l'oreille aux doux propos d'un homme vêtu avec la recherche d'un amoureux assis sur un petit carreau cramoisi, de telle manière qu'un de ses coudes, appuyé sur la couchette, soutenoit son corps, et que ses jambes s'alongeoient sur un parquet en mosaïque. La journée étoit avancée, mais la lumière pénétroit à peine dans cette chambre.

—..... De Venise?

—Non, sire, répondoit la jeune femme en rougissant.

—De Rome?

— De France.

— De France ! — s'écria le roi, — si joli joyau a pris naissance en notre France ! La *riche fleur des lis*, qui fut donnée à Henri VIII par le roi, mon père, en nantissement de cinquante mille écus qu'il lui devoit, jetoit moins d'éclat que vos yeux, avoit moins de prix que toute votre personne !.... adorable enfant ! et laquelle de mes provinces a vu votre berceau?

— Je suis née en la petite ville de Saint-Rémy, sire.

— Votre père ?...

— Il porte un nom dont la gloire fait rougir sa coupable fille..... Je suis le second enfant de l'illustre Michel de Nostredame.

— Michel de Nostredame ! — répéta le roi en se levant promptement, et jetant sur Clarence un regard inquiet, étonné. — Vous êtes la fille de Michel de Nostredame? N'êtes porteur, n'est-il pas vrai, d'aucune prophétie qui soit fatale au roi?

— Oh ! mon seigneur et doux maître ! — répondit Clarence en avançant son bras pour retenir Henri II, — le grave et pieux Nostredame, mon père, n'a prophétisé que la gloire du roi de France.

—Je vous crois, belle amie; mais, pour fortifier mon ame contre tout maléfice, demain matin j'entendrai deux messes.

—Craignez-vous d'être trop aimé, sire?

—Non, mais je crains que Catherine de Médicis n'ait peur.

—De quoi?

—De vous, ma toute belle !

—De moi !... la reine Catherine...

—Est bien vaillante, bien superbe et bien reine... mais au nom de votre père elle frissonne et regarde le ciel..... Il faut bien qu'un peu de ce sang du prophète ait passé dans vos veines, car votre premier regard m'a fasciné... Vous entendez la messe, Clarence? La question fut faite avec la gravité d'un homme qui veut être rassuré.

—Offenser ainsi une pauvre fille, en même temps que la rendez si fière de votre amour! mon père, sire, n'est point hérétique...

—Il est né d'un juif, mon enfant...

—Il est bon catholique, sire! répliqua Clarence avec une impatience telle, que des pleurs jaillirent de ses yeux.

—Bien! bien! dit le roi, se rapprochant d'elle, et passant légèrement le revers de sa main sur les yeux de la jeune fille, comme pour en essuyer les larmes. — Femme qui pleure persuade et ne ment pas... si elle ne s'appelle pas Catherine, — ajouta-t-il à demi-voix, — car le duc *d'Urbin* m'a donné une Catherine, vois-tu, qui est traîtreusement habile dans l'art de la sensibilité!... Toi, mon enfant, tu parois sincère. — Ecoute, des deux messes que je me suis imposées pour demain, une sera dite pour toi et moi dans un oratoire dont mon confesseur seul a l'accès... la conjuration du maléfice sera plus complète; et si, par malheur, la science astrologique avoit endiablé ce joli corps, la sainte messe, écoutée saintement près du roi, tiendra lieu d'exorcisme. Allons, relevez ces beaux yeux, et dites à Henry qu'il revienne près de vous au retour de la chasse.

Le roi s'agenouilla sur le carreau, posa ses lèvres sur les lèvres de sa maîtresse, lui dit tout bas : A ce soir ! se releva et sortit. Dans la pièce voisine, il siffla ses levriers, que Clarence entendit bondir autour de leur maître.

Restée seule, la fille de Michel de Nostredame jeta autour d'elle un regard de surprise, comme si l'aspect des lieux où elle se trouvoit l'eût frappée pour la première fois. Vingt-quatre heures écoulées avoient apporté un étrange changement dans sa destinée; son esprit allait sans transition de la chapelle Sainte-Marine dans la chambre à coucher, si élégante et si riche, où elle s'étoit endormie, le roi de France à ses côtés. L'évènement étoit trop brusque pour ne pas lui paroître un rêve, et, cherchant le vrai à travers le brouillard de ce rêve, à peine si elle y distingua Barozzi; elle n'y reconnut que le religieux guillemite, dont les caresses venoient de réaliser pour elle les fééries amoureuses, tant de fois racontées par la Rosalina Mavredi.

L'orgueil de ses souvenirs la retint long-temps dans cette pose voluptueuse où l'avoit placée le caprice de Henri. Elle se relevoit enfin, et quittant le brillant réseau qui voiloit mal ses attraits, elle s'enveloppoit dans une espèce de manteau en soie bleue, parsemé de fleurs d'argent, lorsque se fit entendre le bruit d'une porte violemment fermée dans la pièce voisine ; celle de son boudoir s'ouvrit brusquement, et deux femmes se présentèrent ; l'une d'elles étoit masquée, toutes deux étoient cachées dans des dominos noirs. Clarence se rejeta en arrière, et tomba assise sur la couchette.

—Debout, jeune fille ! dit impérieusement la personne qui n'étoit pas masquée, en présentant un siége à sa compagne. — Debout, parlez debout, si vous n'êtes à genoux.

—Moi, madame ! murmura Clarence tout interdite.

—C'est donc vous, cette hirondelle des lagunes de Venise, qui vint s'abattre hier devant l'autel de Sainte-Marine? Par Saint-Marc, ma mie, vous avez d'étranges caprices; au moment d'épouser, l'anneau de paille au doigt, un aventurier de votre ville, vous vous réfugiez sous la robe d'un moine, puis dans ce royal pavillon!... Est-ce votre intention d'y demeurer long-temps? Répondez.

— Que vous dirais-je, madame? Je n'ai rien voulu de tout ceci. Je suis venue en cette maison sans l'avoir désiré; — j'en sortirai lorsque l'ordonnera celui qui m'y a fait amener.

— Avant cela, jeune fille, avant cela! La duchesse de Valentinois n'est pas venue pour saluer en vous un astre nouveau, mais pour vous chasser de ces lieux.

— Diane de Poitiers! dit Clarence promenant un regard assuré sur la femme qui lui parloit; et le jeu de sa physionomie marqua la joie de la vanité satisfaite. Elle avoit seize ans, Diane en avait quarante-neuf; Diane étoit bien belle, mais elle, elle étoit si si jolie, Diane venoit lui redemander sans doute un amant dont elle étoit abandonnée, et cet amant, il y avoit peu d'instans, venoit de lui promettre à elle de la préférer à toutes les femmes.

—Diane de Poitiers! répéta-t-elle avec encore plus d'assurance.

—Jeune folle, qui croit peut-être que les promesses d'un roi sont plus sincères que celles des autres hommes, baisse ton regard, et ne prends pas confiance en tes souvenirs. Tu as marché bien vite, en bien peu d'heures, mais ménage tes forces pour retourner à Venise.

—A Venise, madame!

—Ou dans un cloître, et ce lieu conviendra mieux aux remords que doit te causer le trépas de ton Barozzi.

—Barozzi est mort! s'écria Clarence en couvrant son visage de ses deux mains.

—L'épée de Montluc étoit bonne, et il avoit sa sœur à venger; mais qui me vengera de toi?

—Le roi, madame! répondit la jeune fille

en relevant sa tête avec fierté, bien que ses joues fussent trempées de larmes.

— La reine aussi, — dit la personne assise, qui jusque-là avoit gardé le silence ; elle ôta son masque, rejeta son capuchon en arrière, et laissa voir Catherine de Médicis.

—La reine! la reine! ah! madame! Pitié, grâce pour moi! C'est à genoux que Clarence prononçoit ces mots, et comme si elle eût imploré en même temps l'appui de sa souveraine contre madame de Valentinois. La reine avoit trop à souffrir de l'orgueil et de la rivalité de Diane de Poitiers pour ne pas être touchée de cette prière, qui lui confirmoit tous ses droits.

— Allons, madame, dit-elle avec douceur, s'adressant à la duchesse, — notre curiosité est satisfaite, et notre attachement pour le roi est tranquillisé, le vôtre doit l'être aussi. Cette fille ne montre à nos yeux ni la criminelle assurance ni la dangereuse vanité dont on lui faisoit un crime ; le roi a failli, mais cette faute nouvelle ne vous trouvera sans doute pas, madame la duchesse, moins indulgente que la reine. — Enfant, relevez-vous, et lorsqu'un religieux se présentera, dans quelques instans, suivez-le avec confiance.

Catherine se leva, remit son masque, et sortit. Diane de Poitiers, habituée à manquer d'égards à la femme de Henri II, ne la suivit pas immédiatement; trop préoccupée par cette nouvelle conquête de son infidèle amant, pour montrer un calme aussi magnanime, elle saisit le bras de Clarence de manière à la faire fléchir, et lui dit, d'une voix étouffée par la colère :

Cette Italienne parfumée n'est pas jalouse d'un cœur qui n'est point à elle; mais, prends garde, jeune fille, d'oser me le disputer, car je ne demande qu'une nuit pour faire blanchir tes cheveux si blonds... Tu sais qu'on meurt de la *fièvre des Saint-Vallier!*

— Mon Dieu! mon père! que devenir? cria Clarence, après que madame de Valentinois lui eut jeté, en sortant, cette terrible menace.

Barozzi ! pauvre Barozzi ! Ils t'ont tué ! et moi, malheureuse, que dois-je craindre ?...... Quel sort m'attend ?........ Elle vouloit appeler les femmes qui, la veille, s'étoient présentées pour la servir : personne ne répondit. Éperdue, elle passa dans la chambre voisine, elle étoit déserte ; dans une autre, un vieux moine y prioit. Elle s'arrêta sur elle-même, laissant échapper une exclamation de surprise et de peur.

— Vous ici, mon père ?

— Depuis un instant, ma fille.

— Qu'attendez-vous ?

— L'heure.

— Laquelle ?

— Celle de l'Angelus.

— L'Angelus sonné ?....

— J'irai à vous, ma fille, et je vous dirai : passez cette robe que voici. — Il montroit une robe noire de religieuse, déposée sur un siége.

— Oh! mon père, une question encore : est-ce la reine qui vous envoie ?

Le moine soupira.

— Hélas! non, ma fille, j'obéis au roi.

— Au roi! — s'écria Clarence, rassurée et joyeuse, — au roi! C'est le roi qui vous envoie! il ne veut pas ma mort, n'est-ce pas?

— Mieux vaut souvent, pour le salut de l'ame, la perte d'une vie consumée dans des plaisirs coupables.

Clarence baissa la tête, et, après une pause :

— Où me conduisez-vous? demanda-t-elle timidement.

— Où Dieu vous attendroit pour prier et vous repentir, si la passion d'un homme ne vous y préparoit un refuge contre la jalousie d'une femme.

L'*angelus* sonné depuis peu d'instants, le moine et Clarence traversoient la Seine, dans un batelet; après une longue course, ils s'arrêtoient sur la montagne Sainte-Geneviève, devant une petite maison contiguë à celle de la communauté du Carmel. La petite maison devoit être une dépendance du couvent.

IX.

LES DEUX ÉPOUX, LES DEUX AMIS.

Les deux Epoux, les deux Amis.

La scène scandaleuse qui s'étoit passée devant le maître-autel de Sainte-Marine avoit eu du retentissement dans Paris. Les manans, les écoliers, les gens de métiers crièrent *Noël !* en apprenant qu'une dame de haut lieu, amie particulière de madame de Valentinois, avoit subi l'insulte de l'anneau de paille; les courtisans aux couleurs de la reine s'en réjouirent; ceux aux couleurs de la favorite furent profondément irrités. Quant à Barozzi, il n'étoit pas vrai que Montluc l'eût tué en combat loyal; trois hommes l'avoient jeté dans la rivière, le soir même de son étrange mariage, et demoiselle Mariane étoit entrée, au même moment, dans une maison de la rue du Vieux-Colombier, destinée à recueillir les *filles de la miséricorde,* dont la communauté ne fut définitivement constituée, sous le nom de religieuses *Augustines,* qu'en 1651.

Diane de Poitiers, instruite le lendemain de tous ces événemens, mais le lendemain seulement, sans doute parce qu'elle étoit intéressée à les connoître aussitôt, eut la forte tentation d'effacer promptement, par un moyen ou par un autre, les attraits de cette héroïne qui, si subitement, avoit envahi le cœur du roi. Elle étoit décidée à aller la voir, lorsque Catherine de Médicis lui proposa de l'accompagner dans cette visite que Henri devoit ignorer. Diane espéra que la reine lui éviteroit la peine de frapper la nouvelle favorite, mais la femme de Henri n'eut besoin que de laisser tomber un instant son regard sur Clarence, pour apprécier le parti qu'elle en pourroit tirer contre son orgueilleuse rivale; aussi, lorsqu'un chef d'archers de la prevôté tenta de parvenir, peu d'instans après l'entrevue que nous avons rapportée, dans la maison de Nicolas de la Neuville, quatre soldats de la garde écossaise s'emparèrent de cet homme, et le moine franciscain, confesseur *privilégié* du roi, fut seul admis dans l'asile de la fille de Nostredame.

Au retour de la chasse, Henri II montroit une gaieté expansive et bruyante. La première personne qu'il rencontra dans la grande galerie de son hôtel des Tournelles, ce fut la duchesse, dont le regard superbe, irrité, voulut déconcerter sa joyeuse humeur, et troubler son contentement intime; le roi, soigneux de conserver ses bonnes pensées, refusa la querelle offerte par la jalousie de sa maîtresse; il lui sourit avec grâce et passa outre, comme s'il n'eût fait que rendre hommage à la dame la plus insignifiante de sa cour.

Contrairement aux usages prescrits par l'étiquette, Catherine de Médicis se trouva seule dans la chambre de son mari, lorsqu'il y rentra pour quitter le costume de chasseur.

Jamais la reine, alors âgée de trente-deux ans, n'avoit plus, qu'en ce moment, mérité la devise que lui donna François Ier.

Φῖ φερ ετ ἠ δε να δανην.

Lucem fert et serenitatem.

Son noble visage étoit empreint d'éclat et de sérénité, comme à l'heure la plus belle et la plus douce de sa vie; elle portoit ce costume sous lequel l'avoit déjà représentée un sieur *Corneille*, peintre de Lyon : chaperon à grosses perles; robe à la française, à grandes manches de toile d'argent fourrées de loup cervier, — vraiment séduisante, ayant l'intention de l'être aux regards de Henri; et afin de vaincre l'incrédulité de ces hommes qui croient que femme cesse d'être désirable pour son époux, par cela seul qu'elle est sa femme, nous nous plairons à reproduire dans toute sa naïveté le portrait que Brantôme a tracé de cette Italienne,

« De belle et riche taille, de grande majesté, — fort douce quand il le falloit, — de belle apparence et bonne grâce, — le visage beau et agréable, la gorge très-belle, et blanche et pleine, — fort blanche aussi par le corps, — la charnure belle et son cuir net, — d'un embonpoint très-riche, la jambe et la grève très-belle, — prenant plaisir à se bien chausser et à avoir la chausse bien tirée et estendue, — du reste, la plus belle main qui fut jamais vue! — bref, ayant beaucoup de beautés en soi pour se faire aimer. »

Le roi, dont l'intuitive contemplation se repaissoit des attraits de Clarence, fronça ses sourcils, et rembrunit son brun visage à l'aspect de Catherine de Médicis; mais elle, vraiment auréolée de sa devise, s'avança doucement, s'arrêta, éblouissante, les seins agités, à deux pas de son mari, et d'une voix tout harmonieuse :

— A donc, monseigneur le roi, me trouverez toute ravie de votre bon retour et noble présence.

— Qu'est-ce ? demanda sèchement Henri, cherchant à s'affermir contre l'influence des brillans regards qui dardoient sur les siens.— Qu'avez-vous, madame la reine, pour vous illuminer ainsi les traits et la pensée ?

—J'ai devant moi la grâce et noblesse de mon maître et mari.

— Est-ce donc, bonne Catherine, cause de contentement si grand en votre ame ?

— Pourquoi non, beau sire ? ma jalousie n'est pas de nature à affoiblir injustement les mérites du gentilhomme que j'aime le plus au monde.

—Et mêmement, madame la reine, ne connois de femme en ma cour, capable de faire oublier vos beautés ! s'écria le roi, en arrêtant sur la belle Médicis un regard complaisant.

— Aussi vous tiendrai-je toujours compte de ce bon sentiment, et ne perdrai jamais la souvenance que durant dix années, malgré les injurieux propos du mécréant Anne de Montmorency, vous persistâtes à me garder, stérile, à vos côtés!

—Enfin?... interrompit le roi, qui cherchoit à comprendre le motif d'une gracieuseté si spontanée.

—Enfin, monseigneur, votre dame et reine, constamment préoccupée de la gloire de la France et de la vôtre, sans cesse interrogeant le ciel sur ces deux destinées si précieuses, est en grande joie par l'idée que le rideau de l'avenir va être soulevé devant elle!

—Et par quelle main?

—Par la main puissante et divinisée de Michel de Nostredame.

—Michel de Nostredame! le prophète de la Provence?. Il a parlé?

—Non, mais il va venir.

—En notre Tournelle?

—Ce soir.

— Ce soir, madame la reine ! ce soir, Michel de Nostredame paroîtra devant moi ? Oh ! non, je ne le veux pas !... Je le défends, entendez-vous bien !

— Pourquoi cette crainte ?

— Je le défends, vous dis je, répéta durement le roi, cachant son visage avec ses mains, comme si le regard du savant médecin eût pu déjà y surprendre le secret de ses nouvelles amours.

— Henri, — reprit la reine avec tristesse et douceur, en posant sa blanche main sur le bras du roi, — en cet *hôtel de Soissons*, que je viens de faire parachever, rue des Deux-Écus, il existe, vous le savez, une colonne de cent pieds de haut, au faîte de laquelle est une sphère armillaire. Sur cette sphère, depuis trois nuits, j'ai vu des constellations du ciel disparoître sous mon regard ; celle de Vénus me paroissoit brillante, celle du Lion s'effaçoit entièrement...

— Le florentin Ruggieri vous l'aura fait croire, interrompit le roi, en relevant sa lèvre dédaigneuse.

—Ruggeri,—répondit la reine avec fermeté,—ne possède à mes yeux qu'une science incertaine; son adresse à composer des philtres n'influe en rien sur mes connaissances astronomiques. Je vous le dis, Henri, ma sollicitude pour vous, vos enfans et la France est inquiétée depuis quelque temps au point de prolonger péniblement mes veilles..... J'ai voulu sortir de cet insupportable doute, j'ai fait venir de Salon le savant Nostredame, il est arrivé aujourd'hui à Paris; ce soir même je l'enverrai chercher en l'hôtellerie de l'île Saint-Louis où il est descendu.

—Est-ce pour cette entrevue que vous avez fait quitter Blois à nos enfans?

— Pourquoi non? La vigilance d'une mère a-t-elle trop de moyens pour s'éclairer? et celle de l'épouse n'est-elle pas trop excusable pour ne pas être respectée?..... Mon roi, mon

Henri, vous recevrez, n'est-il pas vrai, ce Michel de Nostredame?

—Ne faut-il que cette complaisance pour récompenser, belle Catherine, la bonté de ce regard?

—Il faut encore, sire, être assuré de l'amour de votre femme.

—J'y attache trop de prix pour ne pas y croire, — répondit galamment Henri II en pressant doucement la reine dans ses bras.

Médicis, assurée qu'un bon accueil seroit fait à l'homme dont elle avoit si ardemment désiré la présence, fit aussitôt avertir ses enfans qu'ils assisteroient le soir au cercle de la cour.

—Connétable, disoit le roi à Anne de Montmorency, il faut, mon bon serviteur, donner ce soir à ton maître preuve d'amitié particulière.

— Entre mille, laquelle choisirai-je pour plaire à votre majesté?

— Il s'agit, mon cousin, de chose plus difficile pour vous que bataille et victoire. Une certaine dame, qui vous garde méchamment rancune, — ceci soit dit entre nous, — a conçu l'idée de livrer à l'examen d'un astrologue le roi et ses enfans; un peu de ma curiosité m'a rendu indulgent à cette folle idée..... Je verrai l'astrologue ; mais il faut qu'il soit préparé par un avertissement salutaire à ne voir que ce que le roi veut avouer tout haut, — et si, par un don spécial de la divine providence, il possédoit en effet la seconde vue, dites-lui bien, connétable, que les rois ont reçu du ciel le pouvoir de racheter leurs torts envers Dieu par des fondations pieuses, et, envers leurs sujets, par des présens magnifiques.

— Le connétable de France, le maréchal Anne de Montmorency, va donc négocier avec un astrologue?

— Le connétable de France, le maréchal Anne de Montmorency, premier gentilhomme de ma chambre, va m'obéir, et faire en même temps une chose agréable au roi, son ami, — répondit Henri II sur un ton de hauteur; — d'ailleurs, reprit-il avec le désir apparent de la persuasion, — Michel de Nostredame n'est point un homme vulgaire en notre France; à la science mystérieuse qui donne du relief à sa célébrité, il en joint une autre, positive et secourable : nos villes d'Arles, d'Aix et de Lyon, affligées par la pestilence, ont sollicité plus d'une fois ses bons offices. — En même temps qu'il sera dit dans Paris que Henri II, envoyant son connétable auprès d'un illustre médecin, a voulu honorer les savans, — de plus, un mot, adroitement jeté en l'oreille de ce prophète par le bon connétable, préservera le roi de toute parole indiscrète.

— Enfant d'honneur du roi, votre père, sire, dès avant *Marignan*, j'ai depuis ce temps fait serment d'obéissance à mon prince.

La duchesse de Valentinois, après avoir rougi de colère en recevant l'étrange sourire de Henri II, dans la galerie des Tournelles, avoit appris l'arrestation, par la garde écossaise, du chef des archers de la prevôté, homme entièrement à sa dévotion. La peur s'empara d'elle; elle craignit la disgrâce.

La disgrâce est le plus mortel des malheurs qui puisse atteindre des êtres nourris dans la servitude des cours, et surtout ceux attachés par privilége à la *domesticité du cœur*; — sorte d'esclavage d'autant plus compromettant qu'étant plus intime auprès du prince, il impose dans certains cas l'oubli des devoirs sacrés du citoyen.

C'est dominée par la peur de n'être plus souveraine adultère du cœur de son roi, que Diane de Poitiers, avertie de l'arrivée à Paris de Michel de Nostredame, se présenta un peu avant la nuit devant une petite hôtellerie, à l'enseigne de Saint Janvier, sise en ce temps-là près de la maison qu'avoit habitée le chanoine Fulbert.

Sa démarche fut stérile; le médecin de Salon refusa obstinément de la recevoir; il avoit, fit-il répondre, à satisfaire à un empressement trop cher et trop saint à ses yeux; un visiteur venoit d'être introduit auprès de lui.

—....Illustre Nostredame! disoit cet homme avec effusion et respect.

— Antoine Minard! répondoit Michel en pressant affectueusement les mains de l'ancien élève de Boncourt.

— Enfin, arraché à votre profonde solitude!

—Il a fallu l'ordre exprès de la reine. Mais, hélas! la volonté royale n'arrachera pas aussi facilement de mon cœur ulcéré le ver qui le ronge depuis tant d'années!....

— Vertueux Nostredame, tant souffrir!....

— Et le mériter si peu, mon ami..... Car, je le dis en toute vérité, jamais homme ne demanda avec plus de ferveur au ciel de suivre obscurément et fidèlement cette route banale, dont le sentier tant frayé ne permet pas même à l'ignorance une marche incertaine.... Toutes ces passions, qui font des périls un plaisir de vanité, et de l'irritation des sens une joie pour le cœur, je les ai redoutées.

C'est pour m'affranchir à jamais de leur funeste influence que j'épousai la naïve Anice Mollard, Dieu ne le voulut pas!.... l'enfer tua cette femme. Je me remariai, voulant, par les saints devoirs de la paternité, ne laisser aucun prétexte à des tentations malfaisantes;... Dieu ne le voulut pas!.... J'eus à creuser une autre tombe! Mes enfans me restoient... Clarence!... Oh! vous ne savez pas quels cris affreux j'ai poussés, combien de pleurs j'ai versés depuis que cette enfant a oublié son père! Vous ne comprendriez pas mes angoisses, lorsque, pressant dans mes mains, couvrant de mes baisers la tête chérie de mon fils César, je voyois se placer une ombre à ses côtés,....... ombre insaisissable, ombre de ma fille coupable.... Et la nuit, et le jour, soit éveillé, soit endormi, sans cesse là, devant moi...... Là, mon ami, en cet instant même, derrière vous, plus grande que vous, vous dépassant de la tête, Laure de la Viloutrelle!....

Antoine Minard frissonna; une peur involontaire lui fit jeter dans l'appartement un regard inquiet ; il y avoit une si terrible conviction dans la voix et dans le regard de Nostredame !

— Cette vision que Dieu m'inflige, — reprit-il d'une voix pleine de larmes, — absorbe la meilleure part de mon sang et de ma vie !.... aux trois quarts du chemin, je suis bien fatigué, Antoine Minard !... Dans un temps qui n'est pas éloigné, je ferai le compte de mes derniers jours, et ma Clarence, fille infidèle, ne viendra pas soulager par sa présence les tortures de mon agonie.

— Vous la reverrez, dit Antoine Minard avec entraînement.

— Vivante ?..... jamais !

— Vous allez la revoir, vous dis-je.

— Depuis son départ de Venise.....

— Elle est ici.

— Ici....... à Paris ? cria Nostredame d'une voix de tonnerre.

— Silence ! oh ! silence !....

— Me taire, Antoine Minard!... Me taire, ne pas appeler ma fille, lorsque l'écho peut lui porter ma voix!...... Mon ami!...... noble Antoine Minard, président à mortier, magistrat puissant; oh! à deux genoux, je vous en supplie.... Où est-elle?.... Un mot, un ordre, un arrêt qui me rende mon enfant!...... Elle est coupable.? le pardon d'un père purifie comme le feu!.... Elle m'a oublié? mes traits sont sortis de sa mémoire?.... la nature a un cri qui ne s'oublie jamais! Les traits d'un père et d'une mère sont ineffaçables dans la pensée des enfans les plus ingrats!...... Eh bien! où donc est-elle?

Nostredame étoit à genoux devant son ami. Le président étoit trop ému pour répondre; il le relevoit, lui faisoit signe de se calmer, de se tranquilliser.

— Oui, je vais arrêter, afin de mieux vous entendre, mes cris, mes sanglots et mes pleurs.

Elle vit!.... Elle est à Paris!

— Je le sais depuis hier seulement.

— Vous l'avez vue?

— Non.

— Qui vous en a parlé?

— La rumeur publique, répondit Minard sans réflexion.

— La rumeur publique a parlé de ma fille?... Le nom de Clarence livré à la voix de tout un peuple? demanda Nostredame avec sévérité.

— Le peuple ne l'a point nommée, mais un incident m'a fait conjecturer que la femme dont il étoit question devoit être Clarence.

— Parlez encore, monsieur le président, j'écoute :

— Illustre Nostredame, mon ami...... Une femme est bien foible, livrée aux séductions du monde....

— Sans doute, mon ami, sans doute........ J'écoute encore......

— Et c'est un moindre malheur, lorsque,

après avoir été trompée par un vil séducteur, on tombe impuissante, aveuglée, dans une faute nouvelle, dont un roi est le motif.

— Un roi ?.... Je ne vous comprends pas.

— Clarence est la maîtresse de Henri II.

— Quoi !.... qu'avez-vous dit ? Clarence, la maîtresse du roi.... Maîtresse !....... Ah ! ça, mais Clarence est donc une prostituée ? Ma fille !.... l'avez-vous dit ? est-ce bien vrai ?.. Le peuple vous l'a dit ? il est dans la confidence de mon infamie, le peuple ?.... Ah ! malheureux Nostredame !

— Mon ami, sage Nostredame ,..... le repentir, la pénitence et votre pardon peuvent effacer cette souillure...... de la modération, de la prudence. Pour ressaisir votre enfant, il faut employer ces ménagemens que commande le despotique amour d'un souverain.

— Honte et malheur !....... Laure de la Viloutrelle, pourquoi m'as-tu oublié ?... Pourquoi n'as-tu pas tué ma fille, comme tu as tué sa mère?.... Eh bien! non, je me trompe, ma vue s'égaroit, je ne la voyois pas.... C'est encore Laure de la Viloutrelle!..... Tuer mes deux femmes, bien; mais ma fille? pour la placer, vierge et pure, aux côtés de la mère du Christ?..... Oh! non. Ma fille, Antoine Minard, elle l'a prostituée!.... Elle a présenté à ses lèvres l'ambroisie païenne, la coupe d'or des repas impurs; elle a fait monter à son cerveau l'enivrante vapeur des encens du sérail... Malheureux Nostredame!.... Il pleura amèrement; Minard laissa couler des larmes qui devoient calmer sa souffrance; mais cette douleur de l'homme foible fut de courte durée, Michel de Nostredame poussa un cri brisé par un sanglot, il se dressa, l'œil fixe et grand ouvert.

— Et pourquoi donc m'appelle-t-elle à Paris, cette reine? Quelle cruauté d'arracher un pauvre père à l'ignorance de son infamie!.... Que veulent-ils de moi?..... Minard, si Dieu en effet, par une explicable compensation donnée dans sa justice, accorde parfois à mon esprit l'hallucination, la seconde vue...... Si, à force de sonder les ténèbres, d'interroger le doute,.... je vois dans l'ombre..... Si mon regard, à l'inspection des organes physiques, à la reconnoissance de certains signes, s'instruit et m'avertit des chances offertes à certaines destinées humaines,.... que Dieu les protége tous à cette cour, ou ma parole, comme le doigt vengeur au festin de Baltazar, leur gravera dans l'esprit, en traits ineffaçables, la lettre sanglante de leur avenir!....

— Pensez à votre fille, Nostredame.

— Et à la vérité, Antoine Minard.

— On dit le roi épris de Clarence au point de lui sacrifier madame de Valentinois; n'irritez pas le lion. Jetez, comme une pâture, une promesse de gloire à son orgueil; puis, avec la voix suppliante d'un père, demandez-lui votre enfant.

—.... Oh! noble et généreux César de Nostredame, mon fils! parle-moi maintenant de ta sœur.... Imagine sur ses traits, dans ta cu-

riosité naïve et fraternelle, des grâces et des charmes pour flatter la vanité d'un père.......
Clarence! lis souillé par l'eau du ruisseau!
Clarence! robe de soie et d'or qui recouvre une lèpre hideuse!.... Clarence prostituée!...

— Calmez ce désespoir, illustre Nostredame; la tolérance est l'œuvre du savoir et de la bonté.... Préparez vos pardons, ne maudissez pas....

— Mais vais-je la voir, effrontée, au milieu de la cour, imposer silence à ma colère, et faire monter à mon vieux front le rouge de honte qui n'est plus l'ornement du sien?......
Habite-t-elle le palais?

— Non. Hier soir, lorsque sonnoit l'*angelus*, un moine l'a emmenée, par ordre du roi, de la maison où elle avoit été conduite.... J'ai perdu sa trace depuis ce moment.

Un grand retentissement de pieds de chevaux se fit entendre sur le quai, et comme une clarté vive et rougeâtre vint à frapper subitement les vitres de la chambre où causoient les deux amis, leur conversation fut interrompue.

Anne de Montmorenci, premier baron, pair, maréchal, grand-maître, connétable de France, chevalier des ordres de Saint-Michel et de la Jarretière, premier gentilhomme de la chambre du roi, gouverneur de Languedoc, comte de Beaumont-sur-Oise et de Dammartin,.... escorté de vingt pages, trente gentilshommes, et cinquante archers-cavaliers de la garde écossaise, venoit chercher, en son hôtellerie, Michel de Nostredame, médecin; astrologue, — disoit le peuple ; — devin et prophète, — disoient les grands; — savant, mais imposteur et visionnaire, — disoit le plus grand nombre des lettrés, des savans, et surtout des médecins. Si l'*ergoterie*, la chicane, l'esprit de système et la polémique de l'envie avoient été *en ce temps-là* bannis de la terre, il auroit fallu les rechercher dans la corporation des médecins.

LA RUCHE.

X.

LA RÉCEPTION.

La Réception.

La réception de Michel de Nostredame dans le palais des Tournelles eut vraiment la magnificence et la solennité d'une réception de prince ou de duc souverain.

Catherine de Médicis, bien qu'elle ne fût point encore admise au maniement des affaires, n'en étoit pas moins préoccupée par les symptômes alarmans qui se manifestoient autour d'elle. Elle comprenoit instinctivement que le travail intellectuel, opéré par une génération en progrès, met toujours en question les principes constitutifs du pouvoir alors existant, tourmente la base de ce pouvoir, fatigue sa pierre d'assise, s'il ne l'ébranle, s'il ne l'écaille, s'il ne la brise ; — comme les flots de la mer minent le rocher, le morcellent, le lézardent, le détériorent par des fissures profondes, et finissent par le dominer à ce point que pendant une nuit, après mille ans de combats peut-être, la masse énorme s'ébranle, s'affaisse.... Le pêcheur, quittant le matin la darse de son port, l'anse de sa rivière, cherche le rocher... à la place où il s'élevoit, le flot passe uni, calme et victorieux. — Ainsi passe le pouvoir populaire !

Catherine avoit foi dans Henri II, non à cause de ses vertus d'époux, mais à cause de ses vertus de roi, — telles qu'on les comprenoit au seizième siècle. — Il étoit jeune, brave, d'une constitution vigoureuse; despote et orgueilleux, habile enfin à porter à la fois sa couronne et son épée; — mais une catastrophe imprévue pouvoit l'abattre, et connoissant bien les hommes qui entouroient Henri, la reine craignoit que l'un d'eux fût assez agile et assez hardi pour ramasser plus vite que ne le feroit un foible enfant cette couronne tombée. Pour rassurer son esprit incessamment troublé par la prévision d'un pareil danger, Catherine de Médicis n'en appeloit pas à son génie, elle en manquoit entièrement; elle invoquoit, Italienne exercée dans l'art des ruses et des intrigues, femme incertaine et superstitieuse, toutes les combinaisons de portée occulte et mesquine, tous les augures fortuitement suscités à ses yeux, tous les signes célestes accessibles à la folie de l'interprétation humaine; — et dans un homme tel que Michel de Nostredame, elle honoroit moins les services rendus à son pays en temps de mortalité, les connoissances positives et les vertus privées, que la science mystérieuse dont elle le supposoit possesseur infaillible.

Le mal de superstition étoit d'ailleurs, à cette époque, un mal assez commun, et les gens de la cour ne se présentèrent pas aux

Tournelles, dans la soirée où Nostredame y fut introduit, sans une vive curiosité, sans une indéfinissable émotion; Henri II la partageoit : il croyoit à la seconde vue, il vouloit savoir ; mais, embarrassé du nom de la jeune fille à laquelle un étrange caprice lui faisoit porter une vive affection, il craignoit que la vue du prophète ne pénétrât dans le secret de son ame, et dans la petite maison, dépendance du couvent des Carmélites, sise au plus haut de la montagne Sainte-Geneviève.

Michel de Nostredame n'avoit point encore jeté sa parole au peuple ni aux assemblées ; c'est seulement dans des conversations intimes qu'on avoit pu surprendre les préoccupations de son esprit, les puissantes inductions qu'il tiroit de l'analyse profonde des hommes, des faits et des idées générales : des indiscrétions avoient fait sa célébrité, il alloit sans doute la consacrer à la face de la France représentée par son roi, ses princes et ses grands seigneurs; comme Daniel dans les palais de Babylone, il alloit, au milieu du cercle brillant des Tournelles, proclamer une de ces formidables vérités qui condamnent une époque présente à subir la vue de son avenir.

Le médecin de Salon étoit bien loin cependant de songer à affecter une attitude en rapport avec le rôle bizarre que lui faisoient jouer la curiosité des grands, la pusillanimité de la reine ; simple en ses discours ; comme tout homme loyal et véridique, simple en son maintien, comme le permet la haute supériorité de l'intelligence, mais l'ame remplie de pensées douloureuses, ulcérée par le sentiment de la honte imprimée à son caractère de citoyen et de père, par la prostitution de sa fille, il s'avançoit le visage austère, empreint d'une mélancolie sombre, à travers la haie soyeuse et dorée des courtisans. Le connétable marchoit à ses côtés, exprimant lui-même un visible embarras ; c'étoit un secret entre Nostredame et lui : il avoit voulu remplir le message confidentiel de Henri II ; et, tout en chevauchant à côté du modeste médecin, il lui avoit dit, avec cette assurance ordinaire aux gens de guerre, aux gens titrés, aux gens de cour :

— Maître, ne perdez le souvenir, dans l'illustre compagnie où vous allez vous trouver, que l'homme prudent qui voit le mal doit se taire ; — que l'oreille des rois est chatouilleuse, qu'il faut les fléchir par la patience ; — qu'on est insensé de se plaindre hautement devant eux ; — et que, dans ce cas, si le fouet est pour le cheval, le mors pour l'âne, la verge est pour le dos de l'insensé : — ceci a été écrit par Salomon.

Michel de Nostredame, entendant ces étranges paroles, pressa sa mule contre le cheval du connétable, dont il serra la jambe d'acier, et se haussant un peu sur l'étrier, il lui dit d'une voix ferme et grave :

— Monseigneur, je n'ignore pas que lorsqu'on s'assied à la table des princes il faut considérer avec attention ce qui sera servi devant soi ; — précaution qui vous manque, ainsi que le prouvent vos nombreuses disgrâces et celles qui vous attendent encore ; — mais je sais aussi que c'est l'insensé qui n'ouvre point la bouche devant l'assemblée des juges ; je sais que ceux qui disent aux méchans : *Vous êtes justes*, seront maudits des peuples et détestés des nations : à cause de cela, s'il en est temps encore, j'ôterai la rouille de l'argent pour en former un vase pur, — ainsi que l'a écrit Salomon, monsieur le connétable.

— Que parlez-vous de mes disgrâces, maître ? avoit répliqué Anne de Montmorency.

— Elles n'ôteront rien aux mérites de votre mort, monseigneur ; un homme tel que vous meurt en brave, — fût-il tué par derrière.

L'illustre messager du roi, craignant d'en trop entendre, s'étoit porté en avant, silencieux et soucieux.

Michel, arrivé au haut de la galerie des Ecossais, voyant s'interrompre la foule, s'arrêta devant un groupe isolé ; il étoit composé de Catherine de Médicis, du roi, de madame de Valentinois, de François de Guise, du prince de Condé, de l'amiral de Châtillon (Coligni), des maréchaux de Saint-André et de Thermes, de quelques seigneurs familiers du roi, du jeune Ronsard, déjà favori de la cour, déjà poète *à la suite.*

Plus tard, les rois prirent des historiographes, — ils sont aujourd'hui réduits aux sténographes, espèces de *fonctionnaires suivant la cour,* dont toute la capacité doit consister à bien entendre, — sauf révision, — à écrire debout, vite et dans la forme du chapeau. — *Ne jamais penser, toujours écrire;* telle est la devise qui a remplacé cette autre, trouvée par Balzac : *Ne jamais blâmer, toujours mentir.* — Il vaut mieux être sténographe.

Quatre enfans d'âge bien tendre, mais presque égaux, débordoient ce groupe, c'étoient : François, dauphin; le duc d'Orléans (Charles IX), le duc d'Anjou (Henri III) et Marie Stuart, envoyée par sa mère auprès de Guise, son oncle.

Anne de Montmorenci, en sa qualité de premier gentilhomme de la chambre, faisant les fonctions d'introducteur et de maître des cérémonies, dit à Nostredame :

— Le roi, monsieur.

Nostredame fit un pas de plus, et s'agenouilla.

— *Cousin*, dit le roi au connétable, aidez l'illustre maître à se relever. — Il juge les hommes de trop haut pour se poser si bas.

—Êtes marri, Nostredame, que notre bonté particulière vous ait appelé auprès de nous? demanda Catherine de Médicis, inquiète de l'émotion pénible qui se laissoit voir sur les traits de Michel; et, afin de rassurer ses esprits qu'elle croyoit intimidés, elle lui présenta sa main à baiser.

Le médecin de Salon se releva plus grand, —oui, plus grand de taille qu'il n'étoit entré dans l'appartement royal; l'œil plus ouvert, le regard plus assuré, la bouche un peu contractée, la physionomie plus sévère encore. Sa pensée parut s'arrêter à la fois sur deux têtes de hauteur bien différente — deux extrêmes, — sur le beau et vaillant Henri II et sur Marie Stuart, qui avoit sept ans. Cette enfant excita en lui une angoisse poignante, dont il fut dominé à un point tel, qu'il chercha sur le visage du roi la suite de ses idées.

— Aimable enfant! — dit-il après une scène muette assez longue, en posant sa main sur la tête blonde de la petite Marie ;—charmante tête! Et ce mot à peine prononcé, il retira brusquement sa main ; elle étoit mouillée par du sang. Cet incident singulier étoit causé par une lutte qui, dans la soirée, avoit eu lieu entre le duc d'Orléans, le futur Charles IX, et Marie ; le jeune prince l'avoit frappée sur la tête avec une hachette, la plaie avoit été pansée négligemment, et cachée par une forêt de cheveux, il avoit fallu une pression pour que le sang dénonçât son existence.

Catherine de Médicis fut seule fort alarmée, François de Guise rit très-haut de ce qu'il appeloit la peur du médecin. Le fils altier de Claude de Lorraine paroissoit le maître entre tous ces illustres personnages. Vêtu d'un pourpoint et chausses de satin cramoisi (car de tout temps il aima le rouge et l'incarnat,—dit son historien), d'une saie en velours noir, d'une cape aussi de velours noir, coiffé d'un bonnet de même étoffe et de même couleur, surmonté d'une plume rouge, une dague à la ceinture, une belle épée au côté, il avoit ainsi air martial et bon air, accru encore par l'arrogance répandue dans son maintien et sur son visage, qui portoit la cicatrice d'une pierre reçue dans une rencontre entre religionnaires.—S'il étoit, comme nous l'avons déjà dit, dans la destinée des Montgommery de frapper leurs rois à la tête, il étoit dans celle des Guises d'être frappés à la joue, car, après ce François de Guise, vint Henri de Guise, le *balafré*.

—Illustre Nostredame,—dit Catherine de Médicis,—entre toutes ces têtes, précieuses à des titres différens, il en est quatre qui doivent surtout attirer votre attention, puisqu'à leur conservation est attaché le bonheur de notre France.

—Reine, que voulez-vous de moi?—demanda Michel, comme s'il n'eût pas encore compris le motif de sa venue.

—Nous désirons, maître, savoir ce qu'il adviendra de nous tous, en ce monde et dans l'autre.

—Pour cette vie, madame, bien des fortunes diverses!—et pour l'autre vie?... vous tous, demandez à vos consciences.

—Ne nous direz-vous pas un mot plus clair que ceux de la sibylle? dit l'amiral de Châtillon d'un ton railleur.

—Votre nom, monsieur?—répliqua vivement Nostredame.

—Coligni.

—Et le vôtre?—demanda-t-il impérieusement à un seigneur voisin de l'amiral. Ce seigneur dressa la tête, d'une main caressa la garde de son épée, de l'autre se prit le menton, et inclina le haut de son corps en arrière.

—Je suis François de Lorraine, duc de Guise, mon maître, dit-il d'une voix haute.

Michel les saisit tous deux à l'avant-bras,

les attira quelques pas en avant du groupe, et plaçant sa tête en tiers avec leurs deux têtes orgueilleuses, il leur dit à demi-voix :

—Regardez-vous bien, messeigneurs, et dans les yeux l'un de l'autre cherchez l'heure de votre mort; car, par la volonté de Dieu, dans ces temps de discords religieux, le sang de Guise retombera sur le nom de Coligni, le sang de Coligni sur le nom de Guise!... C'est affaire entre vous!... N'interrogez donc pas l'avenir, si la vergogne qui siége en vos consciences doit mettre du sang dans vos haines et des meurtres dans votre histoire!... assez, n'est-il pas vrai ?

L'amiral broya son *cure-dent*, François de Lorraine frappa du pied; Nostredame se rapprocha de Henri.

—Que leur disiez-vous donc, messire? ils paroissent mécontens l'un de l'autre, et honteux d'eux-mêmes plus qu'il ne convient à gens qui ont le cœur si fier.

—Sire, je leur ai parlé plus clairement que

ne l'auroit fait la sibylle; et maintenant, à votre majesté, je demande une grâce.

—Laquelle, maître?

—La faveur d'entretenir le roi, seul à seul, en un cabinet de ce palais.

—Seul? dit Henri en hésitant.

—Du moins en compagnie de la reine? demanda Catherine de Médicis.

— Ma bouche restera muette, madame, pour toute autre oreille que celle du roi.

— Et le roi peut vous écouter sans péril pour son salut?

—Il le peut, répondit nettement Nostredame.

—Mesdames et messeigneurs, — dit Henri en s'avançant dans l'espace laissé vide par l'humilité de la foule des courtisans, — notre volonté ne sera faite qu'après celle de Dieu et celle du savant Nostredame; en cet oratoire qui touche à la galerie, nous allons écouter les promesses de l'avenir ; désirant fermement qu'elles ne trahissent pas nos vœux pour la gloire de la religion catholique et le bonheur de la France.

Le roi fit signe à Michel de le suivre, et se dirigea d'une marche un peu brusque vers une petite porte que recouvroit une portière en velours rouge. Au moment où il en dépassoit le seuil, Catherine de Médicis, qui avoit fait quelques pas de ce côté, dit à Nostredame, avec une voix pleine de prière et de bonté :

—Parlez-lui de la reine !

XI.

L'ARDOISE.

L'Ardoise.

—Eh bien! maître, que dit l'astrologie? commença Henri en s'asseyant sur la chaise d'un prie-Dieu.

—Je la consulte peu, sire, et dans le moment le plus brillant de ma vie, celui où il m'est accordé de parler à mon roi, je ne suis inspiré que par la douleur et la honte qu'inflige Henri II à mon cœur paternel.

— Qu'est-ce ? que dites-vous ?... Je ne vous comprends pas !....

— Sire, sans plus de mots,... cherchez dans vos souvenirs d'un jour ; et s'il s'y trouve celui d'une jeune fille qui doive demander à Dieu, à son père, le pardon de bien des fautes ;.... si vous vous rappelez que cette impudique enfant, sortant des bras du roi de France, a été menée par ses ordres en une cachette où ne peut l'atteindre la voix même de Nostredame.... Un mot, un ordre !........ que cette jeune fille soit rendue à ma clémence, qu'elle soit aussitôt arrachée à la prostitution de son asile....

— Silence ! maître, silence !...... Sans plus de mots, Henri II vous a compris,..... et il se retrouve devant son juge, plus amoureux que coupable ; car la jeune fille dont il peut se rappeler, il la prit au pied d'un autel, où l'anneau du mariage est de paille.... Il a brisé cet anneau, voilà tout. Présentez-vous, heure de minuit, devant une petite maison voisine des Carmes, sur la montagne Sainte-Geneviève ; une religieuse vous abordera, vous lui montrerez cette clef que je vous confie, — et, conduit par elle, vous verrez bientôt celle que vous cherchez. Alors, maître, dites-lui, lui portant mes adieux, que dans les prières imposées à sa pénitence, elle dise un mot du roi.... Entre tous les exemples laissés par notre glorieux père, nous n'irons point chercher celui de l'échafaud de Saint-Vallier... Le bourreau ne sera jamais l'agent de nos amours.

— Non, sire ! s'écria Nostredame, en tombant à genoux devant le roi, dont il baisa la main.

— Et maintenant, maître de Nostredame, après nous avoir octroyé le pardon d'une offense qui fut involontaire, ne nous direz-vous rien qui concerne plus particulièrement le roi ?

— De tous les orages dont est noirci l'horizon de la France, je n'en vois aucun, sire, qui doive éclater sur votre tête.

— Tant pis, Nostredame, mille fois tant pis! J'eusse aimé mieux les braver ces orages, car de l'autre côté de cette porte, près de trois enfans bien jeunes, il y a bien des tigres et des lions!....

— Et bien des morts, par accident!....

— Lequel mourra le premier d'eux tous?

— Dieu seul, sire, compte les jours.

— Mais Dieu vous inspire, parlez pour lui!

— Je ne le puis.

— Est-ce François de Guise qui mourra le premier?.... Oh! Nostredame, ce seroit tant mieux pour notre race! Ces Guises, où donc, dans le ciel, est placée leur étoile?.... Seroit-elle couronnée, par hasard? L'inévitable destinée les pousse, quoique nous en ayons, sur les marches de notre trône... Généraux, cardinaux, ils sont là, et leurs enfans au-dessous d'eux, et eux devant nous!........ Mille fois, nous avons vu leur ombre s'alonger sous l'es-

trade royale, et nous dépasser de la tête!....
Mille fois, nous avons surpris leurs regards
mesurant la distance qui sépare leur tabouret
de notre fauteuil!...... Il y a du maître dans
ces hommes-là! Et s'il est dans notre caractère de vouloir des conseils, nous ne voulons
pas d'ordres assurément..... Il y a encore ce
prince de Condé, petit chat-tigre qui a faim
de la chair du Guise, et peut-être de celle du
roi!... Et l'amiral de Châtillon, dont le flegme
insupportable exprime à toute heure la pensée
du complot... Ces gens-là n'ont l'air de servir
le trône que pour se donner le droit d'y monter. — Moins de beaux services, moins de
brillante valeur et moins d'orgueil aussi!.....
Entre vous et nous, dites bien bas, qui d'entre
eux mourra le premier?

— Celui que désignent les lignes tracées sur
cette ardoise, sire. Et s'approchant d'un meuble
sur lequel se trouvoient une tablette et un stylet, Michel y traça rapidement quatre lignes.
Tandis qu'il écrivoit :

— Savez-vous, — lui dit le roi, — que sur

cette même ardoise, François Ier traça bien des vers galans?

— Oubliés aujourd'hui, même de madame de Valentinois, répliqua naïvement Michel.

— Le trait est sanglant, Nostredame, et irrespectueux pour votre roi. Mais vos paroles seront stériles.... Diane de Poitiers est inséparable de Henri II.

— Quelle place votre majesté laisse-t-elle donc à la reine?

— Celle de *régente de France*, pendant le voyage que nous allons faire en Lorraine..... Mais voyons la prophétie mortuaire : — Il prit la tablette; Nostredame resta droit et impassible. Le roi lut :

> Le lion jeune le vieux surmontera ;
> En champ bellique par singulier duel,
> Dans cage d'or les yeux lui crèvera.
> Deux plaies une, puis mourir; mort cruelle !

Qu'est-ce cela? qu'avez-vous écrit? Pourquoi ces lignes? que veulent-elles dire? — Et pressant ses questions, Henri II bégayoit, trembloit, pâlissoit. — Nostredame ! ai-je bien lu ?... Que signifie cela ?.... quel coup de cloche funèbre frappe encore à notre oreille ! c'est le troisième. Un fou, un manant, un sorcier me fut un jour amené.... Il prédit ma mort dans un combat singulier.... Un autre jour, François de Guise,.... oui, le *guisard*, il paroissoit joyeux de la nouvelle !.... François de Guise, revenant de chez un astrologue qui avoit son gîte près du Luxembourg, eut l'impudence de nous répéter la promesse de mortalité qui nous étoit faite par son devin.... Mourir tué, Nostredame, que nous importe! « Je ne me soucie de mourir de cette mort, plus que d'une autre ; voir même, je l'aimerois mieux, et mourir de la main de quiconque ce soit, pourvu qu'il soit brave et vaillant, et que la gloire m'en demeure !...» Mourir tué, j'y souscris!... Mais l'heure? Nostredame, l'heure ? Le moment, le lieu! Que l'homme ait le temps de se reconnoître, que le roi ait le temps de pardonner!.... et puis encore, le temps de finir tant d'affaires mal commencées! de réparer tant de choses mal faites!... Oh! qu'ils ne sachent rien, là, de l'autre côté, qu'ils ignorent ces quatre lignes!... Effaçons-les, effaçons-les vite! Comme elles tiennent sur cette ardoise!....... Pour dernier mot sur le roi, Nostredame, mourir nous est indifférent, s'il nous est possible, avant cela, de vivre un peu glorieusement.... Silence!..... et pour récompenser la vérité la plus terrible que monarque puisse entendre, cinq cents écus d'or sur ma cassette, maître, je vous les donne.... Sortons,... non; ne rentrez pas dans cette galerie... Retirez-vous par cette autre porte, un page de service vous conduira. Dieu vous garde!..... priez pour le roi!

Lorsque Henri II reparut au milieu de sa cour, il dissimula mal son émotion, elle fut visible pour tous.

— Beau cousin, — dit-il à François de Guise, parlant de la France et de sa gloire, nous avons parlé de vous. Monsieur le prince de Condé, Michel de Nostredame est vraiment prophète, car il m'a prédit votre constante fidélité, et de nombreux faits d'armes, ouvrage de votre épée....

— N'a-t-il rien dit de vos enfans ni de leur mère? demanda Catherine de Médicis.

— Il a prophétisé juste, belle reine, en vous désignant comme régente de France.... Ainsi donc, le serez dans peu de jours, lorsque nous partirons pour la Lorraine.

— Et de moi, qu'a-t-il dit? vint demander à son tour madame de Valentinois, sur le ton de l'amertume et de l'ironie.

— Ame de mes pensées, — lui répondit-il à l'oreille, — il a tracé, sur l'ardoise où mon père vous écrivit si galantes poésies, quatre vers qui vouloient dire : Henri mourra l'amant de Diane.

XII.

LES CHEVEUX BLANCS.

Les Cheveux blancs.

Oublieux de la sentence de mort qu'il venoit de tracer, Michel de Nostredame, tenant en sa main la clef que lui avoit donnée Henri II, pressoit le pas derrière un porteur de chaise, qu'il avoit pris pour guide aux portes de l'hôtel des Tournelles, et se dirigeoit vers la montagne Sainte-Geneviève, le cœur bien ému, les yeux mouillés de larmes, murmurant ces mots : — Ma fille ! mon enfant ! ma pauvre Clarence !...... Brebis souillée, lis flétri, ange déchu ! mais toujours ma fille !....

Il s'arrêta devant la petite maison indiquée, et ordonna alors à son guide de s'éloigner. Quelques instans écoulés, le bruit d'une marche précipitée retentit à une petite distance, — et avant qu'il ait eu le temps de reconnoître la direction suivie par le passant, il entendit une voix forte l'appeler par son nom.

— Qui que vous soyez, approchez, répondit-il avec fermeté.

L'inconnu ne se le fit répéter, et Nostredame put distinguer, malgré la profonde obscurité, les reflets vifs d'une armure bien polie.

— Illustre docteur, vous m'apprenez que les jambes d'un soldat ne valent pas mieux que les jambes d'un savant.... Je vous tenois en chasse, comme diroit monsieur l'amiral, depuis les Tournelles.

— Que me voulez-vous, messire soldat?

— Soldat ou capitaine, qu'importe ! La nuit

exprime la justice de Dieu, elle ne distingue pas les rangs. Sans m'inquiéter de la singularité qui vous fait ainsi courir par la ville, à pareille heure, je profiterai du hasard, et vous ferai une question ; me promettez-vous d'y répondre ?

— Je promets de vous écouter.

— C'est plus que ne m'accorderait le pape, ou le parlement de Paris qui fait de si beaux arrêts contre les religionnaires..... Voici le fait : votre science est grande, et ma foi en vous ne l'est pas moins; vous aurez entendu parler d'*Anne du Bourg*, conseiller-clerc, prisonnier en ce moment, et soumis aux chances d'un jugement pour avoir dit au roi, en séance de *mercuriale*, que l'adultère étoit un crime dont Achab avoit été puni. Ce du Bourg, je l'aime, nous récitons les mêmes prières ;... sera-t-il condamné ?

— *Giles le Maître*, le premier président, s'y emploie chaudement, répondit Nostredame.

— Giles le Maître est un sot, ce n'est pas

lui qui donne le ton du *requiem*, répliqua l'inconnu. —Enfin, continua-t-il avec la même assurance, Anne du Bourg sera-t-il condamné ?

—Oui, l'intérêt de la religion l'exige.

—Ceci, docteur, seroit sujet à controverse... Et s'il appelle comme d'abus ?

—Les évêques le condamneront encore.

—Ainsi le premier jugement qui aura dit au bourreau : Pends et brûle ! aura bien dit ? et celui qui, par ses instigations, ses menées, aura provoqué ce premier jugement en recueillera la gloire ?... Si celui-là mouroit avant le temps, du Bourg auroit-il des chances pour vivre ?

—Je ne vous comprends plus, soldat.

—Votre hésitation a répondu... du Bourg vivroit !... Une question encore : l'homme qui sauveroit le conseiller-clerc au prix de l'acte que je viens de vous indiquer, qu'adviendroit-il de lui ?

— Celui qui tue sera tué !

— Cela est écrit, mais plus d'une fois l'événement a contredit l'écriture ; vous ne voyez ni gibet ni bûcher pour cet homme ?

— Je ne vois que sa fosse, sans savoir par quel chemin il y marchera.

— Amen, docteur. C'est tout ce que ma curiosité demandoit à votre science. Si vous veniez plus tard à chercher le nom du soldat qui vous parle en ce moment, dites-vous, illustre Michel de Nostredame : C'étoit un gentilhomme ayant pour devise : *No bishop, no king.* Ma sollicitude est satisfaite, et ma discrétion me dit : Va-t'en. — Dieu vous garde !

Ce furent les derniers mots du soldat, il disparut ; le retentissement des pièces de son armure avertissoit Nostredame qu'il se dirigeoit vers les bâtimens du collége de Navarre.

L'horloge de Sainte-Geneviève sonna minuit ; la porte de la maison voisine du couvent s'ouvrit, une lumière éparpilla ses rayons dans l'ombre, et laissa voir à Michel la robe blanche d'une religieuse ; il marcha vers elle sans proférer une parole, lui montra la clef.

—Ce n'est pas le roi! dit bien bas cette femme en cachant son visage, et dirigeant sa lumière sur les traits de Nostredame. Elle tressaillit.

—Suivez-moi, dit-elle brièvement. Tandis qu'elle traversoit une petite cour et montoit les degrés d'un escalier en pierre, construit en spirale, elle faisoit entendre un bruit étrange, comme celui d'un hoquet ou de sanglots étouffés : étoit-ce du rire, étoit-ce des pleurs? Arrivée au premier étage, elle longea un corridor à plusieurs portes, en ouvrit une : c'étoit une vaste cellule, délabrée, décarrelée, sans doute inhabitée.

—Et ma fille? demanda Nostredame, le cœur brisé par l'attente, et jetant un regard troublé dans cette chambre.

La religieuse ferma la porte de la cellule, alluma deux bougies jaunes.

—Mais ma fille, madame? dit encore Nostredame.

—Elle n'est plus ici.

— Qui dit cela? qui a parlé? cria Nostredame en courant à la religieuse arrêtée immobile au milieu de la pièce.

— Me reconnoissez-vous? —dit-elle d'une voix forte.

—Ah! ah! je succombe! s'écria Michel en se reculant, les jambes ployées, les bras en arrière.... La voilà!.... c'est elle!..... ma fille est tuée! ma fille est empoisonnée!..... Où suis-je?..... Ma raison s'égare!..... Où suis-je donc?..... c'est le roi qui m'envoie vers toi, monstre!... Mais je rêve! ce n'est point ici la maison où ma fille avoit été conduite; n'est-il pas vrai, Laure de la Viloutrelle, je me suis trompé d'indice et de maison?

— Vous ne vous êtes point trompé, Nostredame.

— Mais où donc est ma fille?..... parle,

Laure, parle au malheureux Michel!... Laure, miséricorde!.. En est-ce assez?.. Voyons, t'arrêteras-tu, enfin?

—Je ne m'arrêterai pas.

Nostredame fit un bond sur lui-même, les bras en avant, les doigts écartés et roidis; les sanglots arrêtèrent sur ses lèvres le cri affreux sorti de sa poitrine. Après quelques secondes d'une angoisse nerveuse bien fatigante, il pleura, quoique son geste fût encore menaçant.

—Laure de la Viloutrelle, enfant maudit! ce duel épouvantable que la fatalité de ma destinée a permis entre toi et moi, je pourrois le terminer à la manière dont tu l'as commencé; je pourrois, obéissant aux instincts furieux d'une vengeance bien juste,— époux deux fois veuf par tes œuvres, père flétri dans son enfant prostituée par tes manoeuvres honteuses,— me ruer, bête féroce, sur le monstre que l'enfer attache à moi, —t'étouffer dans mes bras, te déchirer de mes ongles, anéantir, avec ta vie, ta hideuse intelligence.... je le pourrois!... tes meurtres appellent un autre meurtre! Mais Dieu me voit et m'entend!..... Dieu, qui me livre à toi, garde sa part de mon ame, et ne permettra pas que je la souille en t'imitant!... Vis, malheureuse.

— En la chambre de ma petite maison de Montpellier, sur le banc de la niche de saint Pierre, de pareils mots furent dits, n'est-il pas vrai?

— Sous le cimetière de Salon, dans un caveau funéraire destiné à ma famille, allez, méchante femme, chercher la réponse à ce souvenir fatal!....

— Et l'excuse aussi, pour tout ce que j'ai souffert!....

— Souffrances du remords, c'est justice de Dieu!.... et Dieu ne frappe que les coupables.

— Étois-je coupable? dis-moi! s'écria Laure de la Viloutrelle d'une voix rendue criarde par la colère. Étois-je coupable, lorsqu'à seize ans, en deuil de ma mère, je me défiois de mon regard, qui t'auroit révélé tout l'amour que tu m'inspirois?... Étois-je coupable, lorsqu'enlacée par tes bras, sur l'esplanade du perron, je fuyois cet embrassement qui me rendoit si heureuse, et ne demandois à ta foi que le chaste serment d'être mon époux, de m'aimer toujours.... et de mourir avec moi?... Je me le rappelle, je te demandai cela encore!....

— Ne le renouvelez pas ce dernier vœu, Laure de la Viloutrelle, femme empoisonneuse et maudite! Ne demandez pas au ciel un supplice qu'eût inventé le délire du Dante! Mourir avec moi! pour faire cortége à deux femmes tuées par toi, monstre!...... avec ma fille!.... Ma fille!... toi, ici, à la place de Clarence!...... Ma fille est morte! Rends-moi son corps! rends-moi mon enfant!....

— Oui, si tu me rends, homme né pour ma honte et ma damnation, si tu me rends tous les jours, toutes les nuits que j'ai perdus à pleurer et à vieillir!...... — Voyons, ma part est faite, pour l'éternité; quelle sera la tienne?.... Lorsque je t'ai dit qu'un seul amour ou qu'une seule haine occuperoit ma vie, j'avois seize ans ; que s'est-il passé depuis?...... Parjure à mon serment, ai-je pris un époux?... ai-je, par deux mariages, outragé ta tendresse et ta fidélité ?.... Penses-tu, par hasard, que Dieu juge à la manière des hommes, et que, dans une faute ou un crime commis, il ne condamne que le crime lui-même et le bras qui l'a exécuté?....... Dieu verra la pauvre fille éplorée, se tordant dans d'inexprimables angoisses, criant : Ne sois pas parjure, mon Nostredame, ne tue pas la pauvre Laure ! Et du même regard, considérant la cruauté froide de ce Nostredame, qui a menti, qui a trompé, il dira : Celui-ci est vraiment le meurtrier de ces deux femmes!...... Il dira cela, entends-tu bien, car dans son infaillible pensée, la responsabilité des crimes pèse plus sur leurs causes que sur leurs effets.... Il dira cela, et toi qui parles de supplice du Dante et de cortége infernal, tu y seras dans ce cortége, nous y serons tous deux! Moi, la coupe du poison dans une main ; toi, dans les deux mains deux cierges de mariage, deux cierges de deux livres, comme les suppliciés ! entends-tu bien !

Nostredame, écrasé par la violence de ces imprécations, étourdi par les coups que lui portoit la parole poignante de la religieuse, fit quelques pas comme pour sortir; un brouillard troubloit sa vue, ses larmes remplissoient ses yeux; il s'arrêta subitement aveuglé, jeta sa tête dans ses mains.... Laure prenoit enfin la vengeance la plus réelle pour les passions haineuses, — celle en présence, celle qui met l'oppresseur devant l'opprimé, la victime devant le bourreau.

— Ah! — reprit-elle, sans diminuer sa fureur, — tu crois qu'il suffit d'être fidèle aux devoirs choisis pour plaire à la manie et à la vanité!... La vallée de *Josaphat* en est pleine, misérable, de ces hommes qui, afin de remplir un devoir de fantaisie, ont sacrifié tous les autres!........ Je suis empoisonneuse, et, comme moi, tu seras damné,.... car, là-haut, vois-tu, dans ce ciel, où tu crois lire, dans l'auréole en feu où repose l'emblème de la virginité humaine, il y a une femme, protectrice des pauvres filles vertueuses et fidèles.... Elle entend leurs vœux, et, lorsque la séduction vient souiller lâchement ou leur corps ou leur ame, lorsque l'abandon vient désoler leur existence.... elle recueille leurs plaintes, compte leurs soupirs, pèse leurs pleurs ; et chaque ride qui leur croît avant le temps, chaque cheveu qui tombe de leur tête, elle met tout cela dans la balance... Tu vois bien, Nostredame, que ma souffrance l'emporte sur mes fautes!.... — Elle arracha sa guimpe, son bandeau ; et ses cheveux, qui n'étoient point rasés, car elle n'avoit pas fait de vœux, tombèrent en flocons de neige sur ses épaules. — Regarde-moi, cria-t-elle en fondant en larmes, et prenant le bras de Nostredame. — Regarde-moi : vingt-cinq ans ajoutés à mes seize ans m'ont donné cent ans, tu le vois : et voilà déjà vingt-deux hivers que tous ces frimas sont tombés sur ma tête....... N'as-tu pas de honte de m'avoir rendue si malheureuse?....

Les forces de Laure de la Viloutrelle étoient

brisées, elle fléchit sur un vieux prie-dieu, et abandonna sa tête sur le pupitre. La clarté rougeâtre des cierges s'alongeoit comme un rayon sur son visage encore bien beau, toujours puissant d'expression, mais bien amaigri, bien pâle ! Nostredame, aussi anéanti que son persécuteur, en étoit à demander à sa raison si cette femme n'avoit pas dit vrai, s'il n'avoit pas à demander pardon à Dieu et à elle.

Ces situations désespérantes se reproduisent dans la vie, il s'y contracte ainsi de ces engagemens d'affection et de haine, qui, commencés à l'entrée du chemin, se continuent jusqu'au terme de la route. Deux êtres se rencontrent, et par l'incident le plus imprévu, par la fatalité la plus étrange, l'un se fait le plus fort, l'autre le plus foible ; l'un prend possession de l'autre, domine ses sensations, son existence entière, réalise la féerie des mauvais génies ; directement, indirectement se place, comme cause participante, dans tous les malheurs de celui que le sort a poussé près de lui : il ne le perdra pas de vue, il réglera même son pas sur le sien ; à quelque place qu'il se repose le plus foible, sous quelque abri qu'il se réfugie, il subit bientôt l'influence de son intime ennemi ; lorsque bien des haines seront justifiées entre eux par bien des persécutions, bien des souffrances, qu'un hasard les réunisse, place le foible à côté de son bourreau, face à face.... Ils se maudissent, l'un gémit, l'autre menace encore ; — rien ne s'explique, ne se raisonne entre eux ... Ils se remettent en marche, la fatalité continue son œuvre !....... Le pauvre opprimé, épuisé, harassé par les fatigues de son douloureux voyage, tombe sur son lit pour y passer sa dernière heure ; au dernier regard qu'il jette, il voit son intime ennemi qui, de sa main implacable, tire les rideaux de l'alcôve, — afin d'obscurcir pour lui, mourant, infortuné, cette clarté du jour, où l'œil de l'agonisant semble lire la promesse d'une meilleure vie.

Michel de Nostredame et Laure de la Viloutrelle se trouvoient ainsi l'un devant l'autre,.... et ils étoient bien malheureux ! car leur haine mutuelle étoit de celles qui ne s'oublient qu'avec la vie.

Le père de Clarence, qu'une bien vive sollicitude rappeloit au sentiment de sa détresse, reprit le premier la parole, d'une voix grave et pleine de tristesse :

— Dieu jugera, madame; Dieu dira à chacun de nous quel fut son crime, et quel en sera le châtiment : laissons faire à sa justice ! Mais je vous en conjure, une halte, un repos; ne persécutez plus,... moi aussi, je suis vieux avant le temps;.... et s'il faut à votre colère cette satisfaction cruelle, de nous deux c'est moi qui demande merci...... Je suis trois fois vaincu, maintenant rendez-moi ma fille,..... ma Clarence,... la prostituée, maîtresse d'un roi !... A votre tour, n'avez-vous pas de honte de m'avoir mis cette souillure au front ? elle est ineffaçable, mais mon pardon, pour ce dernier outrage, vous pouvez l'obtenir. — Rendez-moi mon enfant !....... Il joignit ses mains suppliantes en prononçant ces derniers mots.

— La duchesse de Valentinois, un peu avant minuit, a fait enlever Clarence de cette maison......

— Enlevée!...... encore enlevée! Mais où donc est-elle? où l'a-t-on conduite? Vous le savez.

—Je l'ignore.

—Vous le savez, madame!

—Je l'ignore, vous dis-je. Arrivée depuis peu de jours dans cette communauté, j'apprends de cette nuit seulement qu'il s'y trouve un oratoire où le roi se retire secrètement. Clarence y a été introduite dans la soirée par un moine confesseur; sa venue ne m'a été révélée que par son enlèvement...

—Vous n'êtes pas dans ce malheur? oh! merci!...laissez votre haine finir où commence une autre persécution..... ceux de la cour, maintenant! — s'écria-t-il avec explosion, — ceux de la cour, les voilà qui s'occupent de moi!... et la fille de Saint-Vallier, ne va-t-elle pas tuer mon enfant dans sa jalousie?... Ah! de cette femme, du moins, je tirerai vengeance!... Les grands sont invulnérables? les favorites des rois sont impunissables?...Je châtierai la

favorite, et du même coup, j'écraserai ces courtisans si fiers de leur bonheur! Et ce soir, je les tenois tous sous mon regard! un respect humain insensé a retenu ma voix, prête à évoquer la vérité au milieu de leur foule menteuse!.....
Que voulez-vous de moi?—cria Nostredame avec une exaspération incroyable.—Voyons, parlez, que me demandez-vous?... Votre avenir!.. tête basse, et faites silence... Votre avenir, misérables!... Mais le flot qui vous emporte est rougi de votre sang!... Guise n'entre pas dans le bateau, il s'y trouve un traître !...Coligny, lève-toi, lorsque le bourdon de Saint-Germain-l'Auxerrois donnera le signal... dauphin, arrache ta coiffe de nuit, secoue cette poudre... Duc d'Orléans, sangsue catholique, c'est du sang huguenot que tu dégorges par tous les pores...Duc d'Anjou, regarde bien le moine, et avant d'aller à lui, mets ta cuirasse... Et toi, duchesse de Valentinois, fais tes adieux à ton amant et à tes grandeurs adultères; va mourir obscure et délaissée... ton amant se débat sur la poussière; relevez-le vite, qu'il meure en roi, sous une estrade!... Toi, pau-

vre petite fille, dont la présence m'a si fortement émue..... pourquoi grandir, pourquoi être belle ?... Coupe tes cheveux, crois-moi, laisse la place nette pour le bourreau !...

— Que dites-vous ? grand Dieu, interrompit Laure de la Viloutrelle, vraiment épouvantée de la physionomie inspirée de Nostredame, de sa voix puissante et sonore, de son regard illuminé, de son attitude élevée, des paroles terribles qu'il sembloit lire dans un lointain auquel les murs de la cellule ne pouvoient faire barrière.

— Je t'oubliois, Anne de Montmorency... ta faveur est stable maintenant, te voilà frappé à mort... on parlera des *Stuardes*...

— Des Stuardes... Ciel, que venez-vous de dire ! des Stuardes, d'où le savez-vous ?... Nostredame, parlez à moi !... reconnaissez-moi...

La secousse que venoit de recevoir Nostredame par son entrevue avec Laure de la Viloutrelle avait réagi sur son système nerveux; ses sensations aiguillonnées par tous les incidens de cette nuit, irritées au plus haut point, faisoient vibrer cette fibre si miraculeusement placée dans son cerveau, pour y développer l'entendement et la vue ; et à un moment d'abattement succédoit une crise, d'hallucination on peut le dire, la plus forte peut-être, la plus distincte qu'il ait encore ressentie. Ce pouvoir magique qui se manifestoit si terrible et si lucide troubloit la raison de la religieuse, et la livroit au vertige de la peur. Un mot échappé à Michel, et qui mettoit à jour une pensée bien secrète de Laure, mettoit le comble à son effroi...

— Revenez à vous ! Nostredame, revenez à vous ! s'écria-t-elle encore, se dressant derrière le prie-dieu, comme s'il eût dû, sainte barricade, la protéger contre la fureur du *prophète*.

Nostredame, toujours plongé dans son rêve extatique, alla droit aux cierges, en prit un, éteignit l'autre, marcha vers la porte, l'ouvrit, et s'arrêtant alors, se retournant vers l'empoisonneuse :

— Vous, lui dit-il, d'une voix sombre, — repentez-vous, et priez ! Nous partirons du même lieu, pour faire cortége à mes deux femmes.

Et, longeant le corridor, il descendit l'escalier, ouvrit la porte de la rue; là, il mit le pied sur la mèche du cierge, et s'éloigna rapidement, marchant au hasard, dans l'ombre de la nuit, et à travers ces rues de Paris dont le pavage étoit encore incomplet, bien qu'il eût été commencé en 1185, parce qu'un certain matin Philippe-Auguste vit avec grande honte les voitures du peuple s'enfoncer dans le sol jusqu'aux moyeux, et remuer une boue infecte.

Au lever du jour, Nostredame rencontra des villageois qui alloient au marché, et le remirent sur sa route : il étoit malade en arrivant à l'hôtellerie de Saint-Janvier... Lorsqu'il mit le pied dans sa chambre, il s'arrêta court... suspendit son haleine, retint un cri, étouffa ses sanglots... dans la même attitude où s'étoit trouvée un instant Laure de la Viloutrelle, accroupie devant un prie-dieu, la tête renversée sur le pupitre, il voyait Clarence endormie.

XIII.

LES STUARDES.

Les Stuardes.

—Sèche tes pleurs, enfant... c'est un réveil, j'ai dormi tout ce temps... tu le sais bien, hier soir encore, j'agitais ton berceau... Hier, ta pauvre mère te parlait... Allons, voyons, rappelle-toi seulement ce qu'il faut que tu te rappelles, — ton enfance, ton innocence et ma bonté... Ne pleure donc plus; eh bien! quoi, nous dormions tous deux, loin l'un de l'autre, tu t'éveilles, et dans mes bras, dans les bras de ton père... seule place où ne t'atteindront jamais les perfides séductions du monde... Ma Clarence ! pourquoi sangloter ainsi ? Qu'ai-je dit ?... rien, mon Dieu ! rien... chère petite !

—Oh ! mon père, oublierez-vous toujours ainsi ? demanda la jeune fille d'une voix suppliante.

—Silence ! petite fille, silence.—Et la main de Nostredame se promenoit doucement sur les yeux mouillés de larmes de Clarence, suivoit les contours de son visage, jouoit avec ses cheveux, comme si en effet, retournée aux jours de pureté de son premier âge, elle eût pu prendre plaisir à ces caresses enfantines que lui prodiguoit l'ingénieuse clémence de son père.

Antoine Minard vint interrompre cette scène touchante. Nostredame recommanda sa fille aux soins de l'hôtesse, et lorsqu'il se vit seul avec son ami, il se jeta dans ses bras en pleurant amèrement.

— Vous le voyez, Minard, il faut encore choyer l'enfant coupable qui a déserté le toit de son père ; — il faut formuler mon pardon par l'oubli ; — il faut que ce soit moi qui fasse effort pour tromper les souvenirs de cette jeune fille... et quels souvenirs !... mais, en la revoyant, la malédiction s'est arrêtée sur mes lèvres... elle étoit là, à demi renversée sur le prie-dieu, pâle, décolorée, comme la tige flexible d'une fleur frappée par la pluie d'orage ! Ce n'étoit plus ma Clémence, ce n'étoit plus le visage si pur de cette petite fille que j'avois vue suspendue au sein de sa mère !.... c'étoit une femme affiliée à toutes les passions qui complètent les vices du monde.... Que voulez-vous, Minard ? si le soin de mon honneur avoit seul parlé dans ce moment, j'aurois étouffé la *Samaritaine* endormie.... mais à la première émotion de ce sein si profané, au premier regard de ces yeux qui ont si honteusement perdu le caractère de leur virginale enfance... j'ai demandé grâce pour elle à ma probité d'homme, à ma sévérité de père... Mon ami, telle est ma joie d'avoir retrouvé cette enfant, que je l'adopte, ne fût-elle plus ma Clarence!..... Minard, je suis heureux!....

Et fléchissant sous la loi de la nature, Nostredame, appuyé sur le sein de son ami, lui laissoit voir sur son visage austère, si fortement caractérisé par l'âge, l'étude et la souffrance, les angoisses d'une foible femme et d'une mère.

— Oui, vous serez heureux, mon illustre ami, oui, votre fille va se parer à vos yeux si paternels, si indulgens, de la vertu du repentir... Vous serez heureux! la reine le désire; ce matin, avant le jour, un message de sa part m'a appris qu'elle venoit de vous rendre votre enfant.

— La reine, Antoine Minard!... La reine' et madame de Valentinois?...

— Elle auroit fait raser Clarence, elle l'auroit tuée plutôt que de la rendre aux caprices passionnés d'un homme dont l'aveuglement conserve un prix à ses attraits surannés....

— Catherine de Médicis m'a rendu ma fille!... Une fois du moins la jalousie, l'intrigue des cours auront fait une bonne œuvre! Oh! qu'avec joie je vais fuir de ce Paris! qu'avec joie je vais rentrer dans l'humilité de ma solitude!... Princes, reines, gloire du monde, vous frapperez à ma porte, elle sera de bronze, et ne s'ouvrira pas!... La Providence a permis pour moi la curiosité de cette reine.... maintenant, adieu à ce fatal pays, qui ne me laissera qu'un bon souvenir, celui de vous avoir revu....

— Revu, — répéta Nostredame, en plaçant sa main sur l'épaule du président, qu'il regarda avec l'expression d'une subite terreur. — Je vous ai revu, Minard, excellent homme! dont la jeunesse enjouée et naïve m'a montré toute la précocité de volonté d'une ame bonne et généreuse. Je vous ai revu!.... attendez donc, que je recueille un instant mes esprits. Soit le jour, soit la nuit, j'ai, les yeux ouverts, de ces sommeils terribles, pleins de rêves; qui ne sont ni dans le passé, ni dans le présent. Minard! s'écria-t-il en le pressant tendrement contre son sein, — Minard, vous connaissez *Anne du Bourg*, le conseiller-clerc?..

— Oui; pourquoi cette brusque question?

— *Gilles le Maître*, premier président, *Jean-de-Saint-André*, président à mortier comme vous, — ont cependant moins d'influence que ne vous en donne votre talent...

— Cet éloge m'est précieux, Nostredame, mais comment se place-t-il ici?

— Minard, mon unique ami, laissez ce du Bourg à sa conscience, et n'en soyez pas le juge.

— Que dites-vous, courageux et vertueux docteur? c'est vous qui me donnez ce conseil!... moi, abandonner le parlement à l'abus des innovations! moi, magistrat, souffrir que la plus belle des magistratures créées par des souverains soit prostituée par le désordre! moi, laisser tomber en des mains factieuses et hérétiques le bienfait dont *Philippe-le-Bel* a doté ma patrie! Non!... c'étoit déjà trop contre l'honneur du corps auquel j'appartiens que Charles VIII eût senti le besoin de décréter des séances de mercuriales, il faut que le parlement se garantisse lui-même de l'invasion de l'*officialité*. La force de la magistrature s'appuie sur le maintien de la loi écrite; le parlement perd ses priviléges, sa puissance d'unité, sa prépondérance dans l'état, s'il se fait *Sorbonne* ou *Concile*, — atelier de schisme ou de théologie. Pendant la tourmente religieuse, l'arbre hérétique a jeté sa semence au milieu des magistrats... Un mauvais rejeton a poussé. — Je le coupe!....

— Et, avant qu'il ne tombe, si tu meurs, Antoine Minard? interrompit Michel.

— J'aurai fait mon devoir aux regards du roi, de la patrie et de la religion, — répondit le président avec calme.

— Mais si tu meurs de mauvaise mort? — s'écria encore Michel. — Si tu meurs sans merci? — continua-t-il avec une expression douloureuse, — tout d'un coup, sans le reconnoître?... Ton geste incrédule, repousse ma parole et ma sollicitude... Minard, recule de quelques années, et laisse-moi la gravité de mon âge, afin que j'en prenne un instant l'autorité; Minard, êtes-vous en état de grâce, n'avez-vous rien à vous reprocher?

— Rien, mon ami, — répondit le président avec une remarquable bonhomie.

— Rien? — insista Michel, pas un arrêt incertain, sinon injuste; pas un acte coupable? Chaque matin, vertueux Minard, Dieu vous trouve à la garde de tous vos devoirs?.... Le citoyen, le magistrat, l'époux, sont représentés dignement par un seul homme; pas une voix qui, de près ou de loin, crie contre vous — vengeance, ou justice?

— Puisqu'il faut, Nostredame, continuer devant vous cette confession orale, — répondit Minard avec la timidité d'un âge plus jeune et d'une position moins assise, — une seule voix peut-être, si elle n'a pas oublié jusqu'à mon nom, criera vengeance contre votre ami... C'est la voix d'une femme.

— Malheur sur vous, Antoine Minard, si cette femme a les yeux de Laure!

— C'est Laurette que je l'appelois !.... Elle étoit la plus jolie des jeunes filles qui jamais aient dansé aux chansons, sous les bosquets du Pompéïan!

— Souvenir puéril, — répliqua en souriant le sévère docteur. — Je me rappelle en effet une enfant portant avec la grâce des filles de la vallée d'*Hébron* une cruche, œuvre de *Bernard Palissi*...... Mais le remords ne peut vous venir de cet endroit?

— Le remords, maître, et la vengeance, — si le patron de la chapelle de *Foulayronnex* n'a pas trahi le vœu de la pauvre Laurette.

— Oh! Minard! l'écolier de Boncourt l'avoit séduite?....

Le président baissa la tête.

— Etrange contraste, Minard! votre faute vous a laissé le bonheur, et mon amour, plein d'innocence, a fait mon désespoir et ma ruine!.... Mais, dussent les pleurs de la jeune fille ne pas retomber sur vous, tenez-vous en état de grâce, afin qu'à toute heure la mort vous trouve armé.

— Prophète, dois-je donc bientôt mourir?

— Anne du Bourg a des amis. — Cette nuit, un soldat m'a abordé, et m'a parlé de venger le conseiller-clerc-hérétique. — Sa devise, qu'il m'a confiée, est *puritaine*,........ Enfin, Laure de la Viloutrelle est à Paris.

— Laure de la Viloutrelle?

— Je l'ai vue.

— Dieu lui pardonne! je la jugerai.

— Que dites-vous, Minard?

— Je la jugerai, vous dis-je!... Elle est ici, Laure de la Viloutrelle!..... Je ferai dénouer sa trame épouvantable par le bourreau!...... Je vous vengerai!

— Laissez faire à Dieu. Cette femme, en s'attaquant à moi, remplissoit sans doute une mission d'épreuves. Mon ame éprouvée, mais brisée, ne demande pas de vengeance. Ne pensez qu'à vous, président Minard... Mon ami, ne protégez que vos jours, car ma vue me trompe, ou *Catherine de Champagny*, votre épouse, avant peu couvrira d'un crêpe le chevet de sa couche.

Malgré sa confiance dans la puissance de Nostredame, Antoine Minard ne put s'arrêter sérieusement à cette peur, dont une amitié trop inquiète cherchoit à frapper ses esprits ; en se retirant, il n'emporta qu'une idée bien arrêtée, celle de faire chercher et saisir Laure de la Viloutrelle, afin de la livrer au bras séculier.

XIV.

ISSACHAR.

Issachar.

Dans la rue *des Jardins*, dépendance en ce temps-là du quartier *Saint-Paul*, aujourd'hui du quartier de l'Arsenal, — habitoit le président à mortier Antoine Minard. — La maison voisine de la sienne étoit celle où demeuroit, au premier étage, *François Rabelais*, qui, de moine, de médecin, d'agent diplomatique, étoit devenu curé de *Meudon*.

Dans l'après-midi du jour même où Nostredame avoit donné à son ami le redoutable avis de se préparer à bien mourir, une réunion de personnages considérables par le talent ou les dignités se tenoit dans l'appartement du titulaire de la prébende de *Saint-Maur-des-Fossés ;* c'étoient :

Louis de Bourbon, prince de Condé.

> Ce petit homme tant joli
> Toujours cause et toujours rit,
> Et toujours baise sa mignonne ;
> Dieu gard' de mal le petit homme,

disoit de l'élève de Coligni un vaudeville contemporain. Aussi mondain qu'un autre, autant amateur de la femme d'autrui que de la sienne, et tenant fort, — dit Brantôme, — du naturel de ceux de la race de Bourbon, qui ont été fort d'amoureuse complexion, le prince de Condé, huguenot, aimoit à *débagouler* avec Rabelais, prêtre catholique, des choses saintes, du pape, des moines, des dames, de ceci, de cela, — excepté toutefois des grands seigneurs ;

Jacques d'*Albon,* maréchal de Saint-André, le Lucullus de la cour, l'homme de la France d'alors qui sût le mieux donner un souper galant à des jolies femmes, le mieux orner de *superbetés* et belles parures, de beaux meubles, ses habitations vraiment princières. Il se livroit de grand cœur aux causeries scandaleuses, l'aimable maréchal, car aux scandales oncque ne faisoit faute, et plutôt deux parties qu'une. Pour avoir les qualités du plus enjoué de la cour, il ne lui manquoit qu'un talent, celui de sauter, comme le faisoit son ami, M. Tavannes, du toit d'une maison sur les tuiles d'un autre toit, de l'autre côté de la rue ;

Pierre *Arétin,* d'*Arezzo,* surnommé, à cause de ses satires, *le fléau des princes.* On disoit de lui, que sa plume méchante lui avoit assujetti plus de rois que les rois n'avoient conqui de peuples. Arétin venoit d'écrire à la fois des deux mains, sa *Paraphrase des psaumes de la pénitence,* son *Histoire de la Vierge* et ses poésies licencieuses, ses dialogues, ses lettres, lorsque le ressentiment de coups de bâton qui lui furent donnés par des gentils-hommes italiens le détermina à venir en France pour y parler plus librement des absens ;

Henri Etienne, l'imprimeur et l'annotateur, qui venoit d'enrichir la France d'un grand nombre de belles éditions, particulièrement de son *Trésor de la Langue grecque :* Henri Etienne, calviniste passionné, s'étoit établi à Genève, et il ne se trouvoit à Paris, que pour donner à Rabelais sa *Préparation à l'apologie pour Hérodote*, satire violente contre les religieux ;

Jean Fernel, premier médecin de Henri II, qui devoit, disoit-on, sa vogue à la cour au mérite d'avoir rendu féconde Catherine de Médicis. Fernel avoit un grand savoir; philosophe et mathématicien, il augmentoit alors sa célébrité par ses leçons publiques sur *Galien* et *Hippocrate ;*

L'ami d'Ignace de Loyola, *François Xavier*, le futur *apôtre des Indes*, prêt à partir pour la Terre-Sainte, où le conduisoit un vœu fait à l'église de Montmartre, jour de l'Assomption. Il avoit accordé au curé de Meudon de lui sacrifier, pendant une soirée, la compagnie d'un pauvre savoyard, *Pierre Lefèvre*, son commensal, son chambriste, dans une mansarde du collége de Sainte-Barbe, et qu'il nourissoit du produit de ses répétitions au collége de Beauvais ;

Les deux frères, Jean et Martin du *Bellai;* le premier, cardinal-évêque du Mans, après l'avoir été de Paris, où, en qualité de *lieutenant-général* au nom de François Ier, il avoit fait élever les remparts et les *boulevards* qu'on voit encore dans notre capitale. Il étoit au moment de partir pour l'Italie, abreuvé des dégoûts que lui suscitoit l'inimitié du cardinal de Lorraine. Rabelais avoit été son médecin ordinaire, il l'avoit suivi à Rome avec ce titre, et, au retour, il en avoit reçu sa prébende et sa cure. Martin du Bellai, gouverneur de la province de Normandie, chevalier des ordres du roi, historien et ministre, aimoit le protégé de son frère, et oublioit auprès de lui l'habituelle austérité de son humeur;

Et encore *Paul Jove*, ancien médecin, évêque de Nocerre, historien, venu de Florence à Paris pour solliciter l'intervention de Catherine de Médicis, à l'effet d'en obtenir l'évêché de Côme en Lombardie. Il se présentoit volontiers chez le frondeur curé de Meudon, parce qu'il étoit mécontent du roi qui venoit de lui laisser rayer par le connétable sa pension sur la cassette privée.

Trois médecins célèbres de Montpellier, *Saporta, François Robinet*, et *Jean Perdrier*, complétoient cette réunion remarquable, formée par le désir curieux de voir et d'entendre Michel de Nostredame.

Huguenots et catholiques se coudoyoient dans ce salon.

En aucun temps, les hommes réunis n'ont pu harmoniser leurs opinions: l'esprit de contradiction, sans doute inné dans notre espèce, a suscité sans cesse des germes de discorde,

même au milieu de nos pénates domestiques ;
— et pour faire crier *guerre!* entre les masses, comme au sein des sociétés privées, il s'est toujours trouvé là, — soit un drapeau, soit un signe, soit un nom propre, soit une affaire !

Mes seigneurs,

Evêques, nobles gens d'épée, de robe ; gens de plume, faiseurs de livres, de sermons, d'ennuyeux discours ; dépenseurs de temps, vous tous, mes amis, lorsque vous êtes au gîte de François Rabelais, de Chinon, la première ville du monde, ne vous pâmez d'ennui, et ne vous entre-regardez comme gens qui se sont trompés de route ; il va venir, je vous le jure par notre saint père le pape, qui est à Rome, et n'est plus à Avignon ; il va venir, sa promesse ce matin, lorsque je lui ai fait ma visite, a été formelle. — Se tournant vers le prince de Condé : — Et que votre altesse emploie ces momens d'attente à nettoyer sa conscience, afin que Michel de Nostredame y voie un peu clair.

— M'est avis, maître, — répondit Louis de Bourbon en riant, — que l'écurie d'un brave soldat est plus facile à purifier que celle d'un malin prêtre.

— Je renvoie cela, répliqua Rabelais, au seigneur Arétin, et s'il pense comme moi, je le fais roi.

— Alors, qui me paiera mes satires? demanda le seigneur d'Arezzo.

— Les peuples, répondit Henri Etienne.

— Leur monnoie est la meilleure de toutes! s'écria le maréchal de Saint-André.

— Après celle du pape, dit Rabelais; — monnoie en indulgences et en bénédictions; j'en ai reçu de Paul III autant qu'il en faudroit pour nourrir mon Gargantua pendant dix jours!

Un rire bruyant salua ce souvenir de la générosité du saint père, et ce rire fut brusquement interrompu. Michel de Nostredame, soulevant la lourde tapisserie qui recouvroit la porte, s'arrêtoit dans cette attitude, attendant qu'il fût aperçu par le maître de la maison.

— Salut à l'illustre Nostredame, dit Rabelais, s'avançant avec promptitude au-devant de lui. Il lui prit la main, et, après l'avoir présenté au prince de Condé, il lui fit connoître brièvement les personnes qui composoient cette assemblée. Chacune d'elles, selon la nature de son esprit et de ses croyances, se disposa à faire des questions scientifiques, ou des attaques contre la science dont le médecin de Salon se prétendoit investi.

— Vous m'avez, hier soir, laissé dans le cœur un chagrin de jalousie, monsieur, dit Louis de Bourbon, s'adressant à Michel.

— Moi, monseigneur?

Comment, ne pas me dire un seul mot!.... et me laisser de côté, lorsque pouviez m'adjoindre à votre colloque, avec mes cousins Guise et Coligni!

— Prince, la nature de leur intimité ne

permettoit pas qu'elle fût désunie par un tiers.

— Leur intimité! vous voulez rire, maître, ou votre science vous fait faute : l'intimité entre Francois de Guise et l'amiral ?.....

— Est telle, que leur deux noms seront appelés, voisins l'un de l'autre, par la voix du souverain juge.

— Ah! par la messe, dont je ne veux pas, voici messieurs une prophétie boiteuse ! et quel sera mon voisin sur la page du livre d'or?

— Je ne sais pas, monseigneur.

— Vous êtes peu curieux, sur ce qui me concerne, monsieur, — dit le prince avec humeur.

— J'aurois eu cette curiosité, — répondit froidement Nostredame, — les événemens peuvent trahir mon regard.... le duc d'Anjou est si jeune!

— Le duc d'Anjou! ah! c'est aux côtés du

duc d'Anjou que je paroîtrai devant Dieu ! C'est le plus jeune de mes cousins royaux ; mais si je ne me trompe, le petit sournois a déjà du venin catholique dans l'ame.

— Maître, demanda François Xavier avec douceur, quelle idée vous faites-vous de la puissance de Dieu?

— Infinie.

— Et de celle du démon?

— Immonde.

— Quelle limite posez-vous à la puissance humaine?

— Je ne sais pas.

— Doute d'orgueil, monsieur.

— Doute d'ignorance, bon François Xavier, — répondit Nostredame avec dignité, — ce que Dieu permet à l'homme ne peut être limité par l'homme; ignorant instrument des secrets de la providence, il se manifeste souvent en lui un pouvoir dont il n'a ni prévu ni calculé l'étendue...

— Maître, interrompit Rabelais, ramenons les idées à la portée des faits, et pour le plus grand enseignement de mon *Pantagruel*, qui n'a rien trouvé, en toute la bibliothèque *Saint-Victor*, d'aussi merveilleux que vos paroles, dites-nous en bons termes quel télescope avez-vous inventé ?

— La découverte de *Frascator*, illustre docteur Rabelais, appartient à lui seul : les yeux de l'ame voient sans le secours d'aucun verre....

— Les yeux de l'ame ! s'écria Fernel en souriant.

— Vision ou magie ! — continua Jean du Bellai.

— La médecine ne connoît rien de semblable ! — ajouta Saporta.

— Vous vous trompez, maître Saporta, — répliqua vivement Nostredame, — demandez à notre savant confrère Fernel, si dans le *de Morbo sacro* d'Hippocrate, il ne se trouve pas le témoignage de la puissance du sommeil.

— Hippocrate a dit, — répondit le médecin du roi : — *Quosdam in somno lugentes et vociferantes vidi, quosdam exsilientes et fugientes ac deripientes quoad excitarentur.*

— *In somno !* s'écria Rabelais, mais notre ami et confrère Nostredame a les yeux trop bien *escarbouclés* pour se prétendre en état de sommeil ou de somnolence.

— Magie ! — dit en riant le maréchal de Saint-André.

— Oui, magie, sorcellerie, manie ou folie ! — dit à son tour Arétin. — Voyons, maître, dites entre chiens et loups, tels que nous sommes ici, comment vous définissez votre science : est-ce *magie naturelle*, ou *magie artificielle ?* est-ce *l'astrologie ?* Zoroastre a beaucoup enseigné sur l'astrologie ; l'Anglois *Goad* lui accorde d'étonnantes prévisions, mais elles ne dépassent pas l'observation de l'univers physique. Si c'est magie naturelle, alors, comme Tobie, guérissez nos aveugles. Si c'est magie artificielle, par quel agent l'évoquezvous? Avez-vous reconstruit la sphère de verre d'*Archimède*, la colombe de bois volante d'*Archytas*, les oiseaux d'or de l'empereur Léon, les oiseaux d'airain de *Boëce*, qui chantoient et voloient, la tête d'airain d'Albert-le-Grand? Si c'est magie diabolique, il y a long-temps que la pythonisse, *Simon*, *Barjesu*, *Jannes*, *Mambré* et bien d'autres, ont mis à l'épreuve la complaisance du démon.— Mais ne prenez un tel soin, je le vois bien; à l'aide de quelle science donc voyez-vous si loin, et déduisez-vous si nettement les circonstances d'un fait qui est encore à venir?

Pendant toutes ces attaques, et tandis qu'il étoit ainsi placé sur un *pilori scientifique*, Michel de Nostredame conservoit un calme parfait, une dignité de maintien vraiment remarquable.

—Que voulez-vous que je vous réponde?— dit-il avec une grande bonhomie, comment pourrai-je satisfaire votre curiosité? Voulez-vous que j'ose expliquer ma parole par celle des prophètes? Ma dévotion me le défendroit, si ma raison ne s'y refusoit. Je vous l'ai déjà dit ; je ne sais pas... Médecin, je n'ai pas même interrogé les ressorts physiques de mon existence, j'ai laissé faire à une merveilleuse faculté dont les premières perceptions me sont advenues même à un âge où l'homme ne sait point encore vouloir. Ma nature étoit sérieuse, de cuisans chagrins l'ont rendue souffrante ; — j'ai contrarié la maxime de *Zénon*, qui défend au sage de vivre dans la solitude, j'ai cherché l'isolement, j'ai habitué mon regard à supporter les ténèbres au milieu desquels je perdois le sentiment douloureux de mon existence sociale..... Mais curieux de savoir et d'observer, j'ai cherché par la pensée ce qui se passoit dans ce monde, j'ai peuplé ma solitude avec les souvenirs des morts, avec les ombres des vivans ; les scènes de la vie contemporaine se sont reproduites sous mes yeux, comme dans soties et mystères ; mes personnages ont joué leur rôle, et moi, spectateur qu'aucune distraction ne troubloit, je jugeois leurs paroles et leurs gestes : — puis, s'opéroit dans mon esprit le travail d'induction ; — puis, voyant ce qui étoit, je cherchois ce qui seroit. Mon système nerveux, ébranlé par une volonté puissante qui se manifestoit en moi, recevoit tout à coup une incroyable commotion, chacun de mes sens subissoit l'action de l'électricité..... je voyois, mes seigneurs, mes maîtres !.... je vois ! — Nostredame s'exaltoit — Saporta l'a dit : rien de semblable dans la médecine. Rabelais l'a dit.: Hippocrate n'a parlé que de la vue pendant le sommeil ; — je vous parle d'une vue, l'homme éveillé ; d'un somnambulisme que n'explique aucune théorie de la science, — d'une lucidité instantanée et spontanée, qui se déclare sous l'impression d'une idée imprévue, d'un sentiment accidentel... Qu'il s'établisse entre moi et un fait, entre moi et un homme un rapport ; — que le fait, que l'homme se trouvent dans une condition d'action qui se rattache à une généralité digne d'intérêt... je vois par-delà le fait, je vois par-dessus la tête de cet homme... Ni magie, ni sorcellerie, ni astrologie, ni manie, ni folie, ni science ! rien de tout cela : je vois !... pourquoi cette vue?... Je ne sais pas... et je vous dis vrai, je ne sais pas! car ma lucidité même a la vertu incomplète de toute-puissance humaine : pas une question de ma vie que j'aie pu résoudre! pas un malheur prêt à m'écraser que ma prévoyance ait aperçu de loin! aveugle sur ma propre existence, je meurtris ma tête sur tous les murs, je me déchire à tous les buissons, et au terme du voyage, j'arriverai brisé, mutilé, plus que ne le sera chacun de vous ici...... Vous avez ri, seigneurs et maîtres? d'autres riront comme vous, et voudront trouver ma condamnation dans une analyse que je déclare impossible; — recevez ma profession de foi : je ne veux ni tromper les hommes, ni damner mon ame, ni tenter Dieu!... Après cela, plaignez-moi de ne voir pas encore assez loin pour connaître la sublime vérité!... Plaignez-moi de ne pouvoir me connoître moi-même!

Nostredame se tut; il y eut un long silence.

— J'aurai eu le tort, dit le premier Rabelais, d'écrire la *prognostication pantagrueline*...

— Silence ! — s'écria Nostredame, en faisant un pas vers la fenêtre, et son visage exprimant tout à coup une contraction douloureuse. — Silence ! j'entends marcher d'un pas dont le bruit m'est connu....... Ah ! ah ! mon Dieu, il va le tuer.... Les Stuardes !...... Minard ! Antoine Minard ! — Il ouvrit rapidement la fenêtre,.... le coup d'une arme à feu retentit dans la rue. On étoit au mois de décembre, il étoit six heures du soir, il faisoit nuit.

— Antoine Minard ! cria Nostredame d'une voix déchirante ; et, s'arrachant de la fenêtre, il sortit de l'appartement en désespéré.

La stupeur des assistans étoit à son comble.

— Je crois à un fait, dit Rabelais.

— Je crois en Dieu, dit François Xavier en faisant le signe de la croix.

XV.

....TES BRAS POUR Y TOMBER.

....Tes Bras pour y tomber.

Au bruit de l'arme à feu, tout ce côté de la rue des Jardins fut en émoi; on accourut avec des flambeaux. Le président à mortier, Antoine Minard, frappé de deux balles dans les reins, étoit renversé de sa mule et gisant sur le pavé. Le premier mot qu'il put prononcer, ce fut Nostredame qui le recueillit.

— Je vais mourir! dit Minard d'une voix

entrecoupée. Epargnez à ma femme cet affreux spectacle !... Que l'on me porte autre part que chez moi.

— Portez-le chez Rabelais, dit le prince de Condé.

— Non, dit une voix dans la foule. — Le curé de Meudon ne croit pas au pape et se moque de la Vierge.

— Portons monsieur le président, — dit une autre voix, — dans le parloir des filles de l'*Ave-Maria*. D'ici au couvent, il n'y a qu'un pas.

On souleva Minard, et bien lentement, avec les plus grandes précautions. Il fut porté au couvent des religieuses cordelières de l'ordre de *Sainte-Claire*, qui étoit situé rue des *Barres*.

Michel de Nostredame suivoit ce lugubre cortége; le blessé fut confié à ses soins et à ceux d'une religieuse. Il fut quelque temps sans pouvoir retrouver la parole et l'usage de ses sens; enfin, ouvrant les yeux, et à la clarté de la lampe du parloir, reconnoissant son ami, il lui tendit les bras.

— Vous disiez vrai, Nostredame!... Ah! l'assassin est un huguenot!... Je sens que mes entrailles sont déchirées!... Oh! dites encore une vérité : combien d'instans ai-je à vivre?

Les balles, entrées par le rein droit, étoient sorties un peu au-dessous du cœur, en brisant deux côtes. Michel, ayant reconnu la blessure, répondit sans hésiter :

— Vous avez une heure, Minard, pour vous préparer.

La religieuse étoit à genoux près du président. Conformément à la règle sévère de son ordre, un voile couvroit sa figure; en entendant cet arrêt de mort, elle poussa un cri, rejeta son voile en arrière, et laissa fléchir sa tête sur la poitrine d'Antoine Minard.

— Oh! qui êtes-vous donc, ma sœur? demanda le blessé.

— Je n'avois pas voulu, Minard, — dit la

sœur de l'Ave-Maria, — que la chapelle de Foulayronnex entendît votre serment!

—Laurette! dit Minard; justice divine! je mourrai parjure devant ma victime!

—Qui vous a depuis long-temps pardonné, —sans pouvoir se pardonner à elle-même.

— Une heure, avez-vous dit, Nostredame, — reprit le blessé; —je la partage, Laurette, entre vous et Dieu!

—Non, Antoine Minard, je n'accepte pas ce coupable partage; mes affections ne sont plus de ce monde! religieuse préposée à la garde d'un blessé, je ne reparoîtrai que pour recevoir votre dernier soupir et vous fermer les paupières.

Elle se redressa, rabattit son voile, et sortit du parloir.

—Elle aussi avoit dit vrai, — dit Minard après quelques instans, — elle avoit promis une mort violente à son séducteur!...

— Ne verrez-vous ni votre femme ni votre fils? demanda Michel.

—Non, mon ami, non, je ne veux pas leur laisser le souvenir de mon agonie.... Combien je souffre!..... Ah! l'assassin, il a vengé du Bourg!... Nostredame, je revenois du palais, — une femme, sur les marches de la grande salle, m'a remis un placet; elle m'a saisi la main, me l'a pressée, en me disant : — Vous avez froid, monsieur le président, et pourtant les jugemens à rendre coûtent moins que les jugemens à subir : lisez ceci, si vous en avez le temps. Ces étranges paroles m'avoient peu frappé... Nostredame, prenez ce placet dans la poche de ma robe... et lisez-le.

—Laure de la Viloutrelle! s'écria le médecin de Salon, après avoir déployé un parchemin.

—Laure de la Viloutrelle, dites-vous !.... c'est elle qui m'écrit ?

..... « Neveu du sire de Beauvoisin, tu as voulu bien jeune être pour quelque chose dans le malheur d'une destinée de femme..... Par tes conseils, une Laure a été trahie, — par ta faute, une Anice Mollard a été tuée!...... Antoine Minard, président à mortier, vous avez recommandé expressément au conseil des Dix de Venise la femme que vous avez fait délaisser!... Cette femme entre à son tour pour quelque chose dans votre destinée, et elle se placera dans votre mort!... »

— Implacable! murmura Michel en laissant tomber l'écrit de ses mains.

— Être puni, Nostredame, pour avoir voulu votre bonheur!...

— Et moi, Antoine Minard, moi, vous avoir attiré cette haine!...

— ..... Point de regrets, vertueux Nostredame, assez, assez..... Les instans sont précieux!... Quelle horrible souffrance!... Voulez-vous, mon ami, réciter les prières des agonisans ?

Huit heures sonnèrent à Saint-Paul. La porte du parloir s'ouvrit; une religieuse de l'Ave-Maria parut. Nostredame et Minard virent bien que c'étoit Laurette, car elle sangloloit sous son voile, et fléchissoit en marchant.

— Le moment approche,—dit le président d'une voix bien foible, — venez, ma sœur, prononcer, au nom de la seule femme que j'aie trompée, le pardon d'un crime dont je suis repentant!

— Sœur *Antonine* vous pardonne, monsieur le président, les malheurs de Laurette. Elle ajoute — que loin de vouloir votre mort, elle avoit fait deux parts de son petit patrimoine : l'une d'elles, destinée à relever la chapelle de Foulayronnex, y a institué une messe annuelle pour le pardon des amans ingrats!...

—Laurette!...— s'écria Minard.

— Ne l'appelez pas, monsieur le président... la sœur Antonine seroit sourde à ce cri!

—Nostredame!... le sang m'étouffe!... ma vue se trouble!.... mon ami!.... illustre Nostredame!... je meurs chrétien!... je pardonne à mes assassins!... dites-le bien au roi! — Se tournant vers la religieuse : — « Si tu mourois de mort violente, — me disois-tu, Laurette... Je chercherois tes bras pour y tomber! — t'ai-je répondu!...

— Dieu t'entende!... ai-je dit à mon tour, s'écria Laurette; et saisissant la tête d'Antoine Minard, elle la pressa sur son sein, la soutint quelques instans... Puis, jugeant que la mort arrivait... elle posa ses lèvres sur les lèvres de Minard..... Le souffle glacé du dernier soupir traversa l'épais tissu du voile, et glaça la bouche de sœur Antonine.

XVI.

LE COIN DU FEU.

Le Coin du Feu.

Vingt-quatre heures écoulées depuis le meurtre du président Minard, Nostredame seul, devant les tisons à demi éteints qui attristaient, sans l'échauffer, la chambre où il demeuroit en l'hôtellerie de Saint-Janvier, — pleuroit, et, à propos de la mort de son ami, se retraçoit cette continuité de malheurs qui avoient pesé sur son existence. Se rappelant, mais comme on se rappelle les aventures d'un rêve, les différentes hallucinations qui avoient éclairé son esprit, il gémissoit profondément sur une faculté dont il n'avoit reçu aucune aide pour protéger sa vie et celle de Minard; il s'en irritoit, car elle sembloit ne lui avoir été accordée qu'afin de lui rendre plus sensible l'imprévoyance humaine.

Soudain le bruit des pas de plusieurs personnes retentit dans l'escalier; sa porte s'ouvrit, et l'hôte parut éclairant une dame masquée, enveloppée dans une mante noire, conduisant une petite fille aussi masquée.

Aussitôt que l'inconnue se vit seule avec Nostredame, elle ôta le masque de l'enfant, et se découvrit elle-même.

—Vous ici, madame la reine! s'écria Michel en s'inclinant.

—Oui, savant Nostredame, illustre maître, Catherine de Médicis vient vous consoler de la mort de votre ami, — vous promettre que bonne vengeance en sera tirée, et, à l'occasion de ce funeste événement, elle vient aussi vous parler de cette France qui semble tout inquiète, tout étourdie, tout en frisson, comme les gens qui vont avoir la fièvre et la maladie.

—Hélas! madame, me venez consulter sur des destinées si graves, au moment même où j'accuse mes yeux de n'avoir pas vu, mes oreilles de n'avoir point entendu, mon jugement de n'avoir rien empêché... Minard est mort, madame! — s'écria-t-il en recommençant à pleurer.

—La mort du président n'est point imputable à votre ignorance, mais bien à la malice de ces huguenots qui a déjoué toute bonne prophétie, toute prudence...

— D'ailleurs, interrompit Michel, n'est-ce pas plutôt à vous à réclamer l'hommage dû à toute bonne divination et pronostication.....

— A moi, maître?— demanda la reine.

—Ne m'avez-vous pas rendu ma fille? n'avez-vous pas deviné, pronostiqué la mortelle douleur qui s'en alloit consumer mon ame et flétrir ma raison si cette enfant restoit enlacée dans les honteux filets de la prostitution ? Ah ! madame la reine, lorsqu'en rentrant en ce logis, désespéré, j'ai revu la tête de ma Clarence ! lorsque j'ai su qu'à la femme du roi je devois si généreux office !... j'ai cru un moment en avoir fini avec toute peine, et des larmes de joie ont inondé mes joues, en même temps que ma reconnoissance s'en alloit au ciel et vers vous !

— Merci, pour cette gratitude, maître, elle m'est une douce récompense d'une action qui, de ma part, étoit un devoir à remplir; mais si le souvenir du bon retour de votre fille vous porte en effet à m'en aimer un peu plus, ne repoussez pas ma prière, et ici, loin des oreilles subtiles, des yeux curieux de nos courtisans, dites-nous quelques mots qui nous éclairent sur notre avenir, et nous apprennent, le cas de veuvage échéant, ce qu'à Dieu ne plaise ! de quelle main il nous faudroit tenir le gouvernail de cet empire.... Sur cela devisons en toute familière liberté d'esprit, en toute confiance.

Catherine de Médicis avoit voulu que Nostredame se rassît au coin de la cheminée ; elle se plaça vis-à-vis, et entre eux la petite fille, — qui n'étoit autre que Marie Stuart.

Dans cette modeste chambre, qu'une lampe éclairoit imparfaitement, une reine de France venoit chercher les moyens de protéger sa puissance, et de donner du lustre à sa grandeur.

— Henri vous a parlé, — reprit Catherine. Que lui avez-vous dit?

— Peu de mots, madame la reine.

— Et beaucoup de choses, sans doute....... Il paroissoit péniblement agité en sortant de l'oratoire.... Son ciel est sombre, n'est-il pas vrai?

— Quels rois ont jamais pu se vanter d'avoir vu toujours leur couronne étinceler sous un ciel pur et sans nuages?

— La couronne de Henri, moins que celle de tout autre, j'en ai le pressentiment.... Car moi aussi, Nostredame, je demande directement à la science des confidences et des avertissemens, c'est l'occupation de la plus belle part de mes nuits; et, malgré l'incertitude de mon regard, malgré l'inexpérience de mon jugement, j'ai découvert de funestes indices... Le roi mourra bientôt!.....

— Mais, madame.....

— Vous le saviez!........ et le lui avez dit, peut-être?

Nostredame garda le silence.

— Il mourra tué.... Cela est écrit, j'ai vu du sang qui couloit comme un ruisseau, sur la planète de *Mars !*

Nostredame releva la tête, et regarda la reine avec une expression d'étonnement qui ne lui échappa point

— Le roi sera tué : mon Henri! le père de mes enfans! Mais quand? par qui ?... Tant de gens peuvent le faire et le voudroient!........ Moi-même, mourrai-je avant lui? je ne le crois pas, bien que l'avis en vienne parfois à mes oreilles......

— On vous dit cela, madame? interrompit Michel en laissant voir de l'incrédulité.

— On le dit aux murailles des Tournelles, qui me répètent les indiscrets propos.

— Bien indiscrets en effet!

— Et non moins audacieux, je vous jure! Il s'est organisé contre ma personne un triumvirat....... mais le cœur manque à l'un des trois, je vivrai!... Vous me regardez de plus en plus étonné! — Ils causoient, les bons seigneurs, en une certaine chambre ; de la chambre supérieure j'ai fait descendre une sarbacane derrière leur tapisserie, et nous étions quatre alors à entendre ce que disoit un des trois. M. de Condé, si poli, si galant, ne trouvoit d'autre moyen, mal arrivant au roi, que de me mettre en un sac, et de me précipiter à la Seine!

M. de Coligny en rioit dans son curedent, et pour la première fois de sa vie disoit *amen*, le vieux *restre!* Guise seul,.... à lui, tous mes sourires!....... Il ne m'aime pas, et me laisse vivre!...... Mais le roi! le roi! qui le tuera? Un des trois.

— Non, madame, répondit nettement Michel.

— Charles-Quint?.... Je suis bien lasse de cet homme! Et n'étoit le soin de mon salut, je lui enverrois bientôt un peu de ce breuvage dont il fit mourir, par les mains de *Montécuculli*, l'échanson, le premier fils de François Ier. Qu'il ne me laisse pas m'accommoder avec mes remords, le grand empereur, car, le traité passé, je saurai bien le forcer à se voiler la tête avec sa pourpre impériale.

— Charles-Quint, madame la reine, est homme à mourir moine.

— Plus tôt que plus tard; ce seroit une épée de moins contre les jours de mon époux...... Mais, Henri dans la tombe, François, dauphin, est d'une santé bien délicate. — Et plaçant vivement sa main sous le menton de Marie Stuart : — Regardez bien cette enfant,

Nostredame ; trouvez-vous dans ses jolis yeux la promesse d'un bon règne ?

Les yeux de Nostredame se remplirent de larmes.

— *Prise* trop tôt *laissée !* murmura-t-il bien bas.

— Qu'avez-vous ? s'écria la reine, vous êtes ému !...... la petite Marie porteroit-elle sur son front si jeune un signe malheureux ?.. Elle sera la femme de mon fils, elle sera reine de France, illustre docteur : j'ai besoin que la fatalité respecte cette tête, entendez-vous bien, — il ne faut pas qu'un cheveu en tombe !

— Prenez donc garde alors qu'on y porte la hache, ainsi que l'a fait il y a deux jours monsieur le duc d'Orléans, — dit Nostredame d'une voix pleine de mélancolie.

— Ah ! Nostredame, dit la reine avec angoisse, vous en dites trop et trop peu : vous me livrez à une terreur mortelle !...

Le piaffement du galop d'un cheval retentit sur le quai, et s'arrêta devant l'hôtellerie. — Qu'est-ce? — dit Catherine de Médicis inquiétée, — le roi me sauroit-il ici? — Peu après, le cliquetis des pièces d'une armure se fit entendre sur l'escalier; la reine eut à peine le temps de remettre son masque, et de jeter sur la tête blonde de Marie son voile noir, un homme parut brusquement dans la chambre : il étoit armé de toutes pièces, la visière de son casque, rehaussée d'une plume rouge, étoit abaissée sur son visage. Reconnaissant une femme en tiers avec lui et le docteur de Salon, il ne témoigna ni surprise ni hésitation. — Je vous cherchois depuis hier soir, — dit-il d'une voix forte ; — maintenant, maître, Anne du Bourg vivra-t-il ?

— Grand Dieu! s'écria Nostredame, — l'assassin de Minard!

— Un assassin! s'écria la reine en se levant épouvantée.

— Sus à l'assassin! — reprit Michel, —

arrière, misérable! va chercher le châtiment qui t'attend!

— Deux mots seulement, — répliqua le soldat sans s'émouvoir, — je suis venu de loin pour les chercher : du Bourg vivra-t-il? — de quelle manière mourra un gentilhomme écossais qui a nom Stuart?

— Respecte le désespoir d'un malheureux dont tu as assassiné l'ami, — cria Nostredame, — va-t-en, scélérat; — et il marcha la tête haute au-devant du soldat. Du Bourg sera pendu et brûlé! Toi, bête féroce, tu seras égorgé! les vautours te mangeront!...

— Égorgé sur un champ de bataille?.... merci de la prophétie, je ne veux pas mourir sans avoir abattu un prince catholique.

— Garde de t'y tromper, huguenot, dit Catherine de Médicis en arrachant son masque, — mes soldats feront bonne garde autour de leurs princes..... Place à la reine, vil assassin!

Elle avoit saisi la main de Marie Stuart, et passant intrépidement devant le soldat, elle sortit.

La litière qui l'attendoit à la porte de l'hôtellerie la ramena aux Tournelles; — le meurtrier de Minard s'étoit enfui, après cette étrange apparition de la reine de France.

XVII.

.... PUIS MOURIR, MORT CRUELLE !

....𝔓uis mourir, 𝔐ort cruelle!

Le 2 juin 1559, l'hôtel des Tournelles étoit en grande rumeur pour fêtes et réjouissances royales à l'occasion du mariage de Marguerite duchesse de *Berry*, sœur de Henri II, avec *Emmanuel-Philibert*, duc de Savoie, et d'Elisabeth de France, fille du roi, avec Philippe II, roi d'Espagne.

Le grand enclos de l'hôtel représentoit une magnifique arène, autour de laquelle s'élevoient des galeries étagées où toutes les dames de la cour, où la belle noblesse, faisoient briller leurs atours, richesses, parures et courtoisie; et certes, c'étoit affaire à *la Florentine*, comme l'appeloient les malveillans, de dresser une cour au luxe, au charme des belles manières, et à la douce galanterie : car pour une impudeur semblable à celle qui força *Louis-le-Débonnaire* à chasser toutes les dames de son palais, jamais Catherine de Médicis ne l'eût tolérée.

Trois cents femmes, toutes plus belles et plus illustres les unes que les autres, caquetoient, papillonnoient, étinceloient autour de la femme de Henri II, la suivoient dans ses voyages, l'accompagnoient dans les fêtes et carrousels, et jamais elles ne suscitèrent d'autre bruit que celui de leur esprit, de leur élégance et de leur beauté; laissant, vertueuses qu'elles étoient, à des femmes cependant moins exposées aux tentations, le triste avantage d'une célébrité en intrigues et en amour.

Donc, à l'occasion de ce double mariage dans la famille du roi, ce brillant essaim se trouva réuni sous l'estrade de la reine, offrant aux regards de la foule et des chevaliers courtisans l'aspect délicieux d'une corbeille de fraîches et riches fleurs.

Henri avoit voulu qu'avant l'instant des beaux coups de lance qui devoient faire la solennité des joutes, il y eût une répétition des combats et singularités dont la ville de Lyon lui avoit donné le spectacle au retour de son voyage en Savoie.

Ainsi, parurent dans l'arène douze gladiateurs, six desquels vêtus de satin cramoisi, les autres de satin blanc, costumes taillés à l'antique. Ils combattirent à armes différentes, la zagaie, l'épée à deux mains, l'épée et le poignard boulonnois, l'épée et le bouclier barcelonnois. Le simulacre de leur combat à outrance fut si dextrement et loyalement exécuté, les épées, les zagaies, les boucliers étoient brisés par tels coups et en tels éclats, que les regardans s'en émurent fortement, pensant que ces gens étoient des condamnés au dernier supplice; et il n'y eut pour eux qu'un cri de grâce et de merci de tous les coins des galeries. Tout à coup, après avoir tour à tour enfoncé leurs rangs, après s'être éparpillés pendant cette lutte acharnée, ils se reformèrent sur deux rangs calmes et unis, et d'une marche noble et gracieuse vinrent saluer la reine, les illustres et nouvelles épouses, le roi, les princes et l'assistance. L'admiration étoit à son comble; voyant le sol si cruellement *élabouré* par ces vaillans hommes, et tant d'armes en pièces, on avoit peine à croire que ce fussent les mêmes qui venoient de combattre.

Certes, il ne falloit rien moins que ce qui devoit suivre pour faire désirer autre chose que cet attrayant spectacle; mais après qu'une musique bien harmonieuse, venue d'Italie par les soins de Catherine de Médicis, eut reposé les yeux, enchanté les oreilles et attendri les ames, on vit soudain paroître dans la lice, sur quatre grands et beaux chevaux, quatre cavaliers au plus fier maintien, à la plus chevaleresque apparence.

C'étoit Henri II, roi de France, portant les

couleurs blanche et noire, à cause de la belle veuve qu'il servoit ;

C'étoit M. de Guise, aux couleurs blanche et incarnat ;

C'étoit M. de Ferrare, aux couleurs jaune et rouge ;

Et M. de Nemours, ceint d'une écharpe jaune et noire. — Jouissance et fermeté.

L'assemblée se leva, les cavaliers saluèrent, et tous quatre, les meilleurs hommes d'armes qu'on pût trouver en France, offrirent le combat à tous venans.

Aux approches de la nuit, la lice étant vide de combattans, toutes les carrières étant fournies, et les quatre héros vainqueurs de tous, — Henri II fit appel au comte de Montgommery. Soit respect, soit crainte d'ajouter par sa défaite une victoire à toutes les victoires du roi, soit pressentiment, le comte de Montgommery refusa. La reine fit dire à son époux de s'abstenir ; le vaniteux prince insista.

— Sire, dit à l'oreille du roi un page de

Catherine, la reine m'envoie vous dire qu'à votre zénith vient de s'arrêter un nuage noir, ayant forme de tête de mort.... regardez-le....

— Bien, répondit le roi, celui qui tombera de Montgommery ou de moi verra le nuage; quant à la reine, va lui dire que cette dernière course est en son honneur... Montgommery, — cria-t-il très-haut, — la lance au poing, le roi le veut!

Le comte se mit en arrêt; les trompettes sonnèrent..... lorsque le nuage de poussière élevé par les chevaux fut un peu dissipé, on vit le roi renversé sur l'arène.

Le connétable, qui faisoit les fonctions de maréchal-de-camp du tournois, accourut et releva le prince.

— Qu'on m'emporte d'ici, — dit Henri II avec calme; — puis, qu'on se hâte d'arracher de mon front ce bois de lance..... il a crevé la *cage d'or*..... Je pardonne à Montgommery... Nostredame me l'avoit dit!.... Il s'évanouit.

Dix jours après François II régnoit.

XVIII.

..... PRISE LAISSÉE .....

....Prise Laissée....

.......Pas un homme en la cour de France, pourvu qu'il ait eu au cœur un peu de cette chaleur motrice de l'amour et des belles actions, pas un qui, le soir du 18 avril 1558, n'ait jeté sur Marie Stuart, mariée le matin de ce jour à François dauphin, un de ces regards où l'audacieuse concupiscence exprime l'ardeur de ses désirs ; et, en ce cas, le péché trouvoit vraiment son excuse, car Marie étoit bien alors, avec ses seize ans, la plus ravissante créature que le ciel ait formée. Son époux avoit quinze ans. Lorsque l'un et l'autre quittèrent la salle du bal pour entrer en la chambre d'hyménée, — il n'y eût vieillard qui ne se sentît rajeunir, jeune fille qui ne se sentît frissonner, voyant si jolie miniature d'amoureux aller timidement prendre des ébats pour lesquels leur délicatesse de formes et la jeunesse de leur âge devoient à peine employer assez de forces!

Lorsqu'en 1559, Henri II vint à trépasser, toute la France pensa que si-jeune roi et si jeune reine alloient affermir la tranquillité de l'état par une durée de règne florissant, par une lignée belle et imposante; mais le 5 décembre 1560, la cour étant à Orléans, Marie se réveille, glisse son bras flexible sous la tête de François II, l'attire doucement pour la poser sur son sein si blanc;—la tête du roi cède machinalement à ce mouvement et roule, lourd morceau de marbre, sur la délicate poitrine de la reine.

Ce n'étoit pas le sommeil, c'étoit la mort.

— J'étois bien jeune, lorsque j'ai entendu dire sur moi ces paroles : *Prise trop tôt laissée*, disoit la veuve de François II, en faisant ses adieux au cadavre de son époux.

Un des ensevelisseurs, étant à embaumer le corps, examina avec soin la fistule que le roi enfant avoit à l'oreille ; il distingua des parcelles d'une poudre rouge, en partie dissoute au foyer de la tumeur.

XIX.

A VOUS, MES SEIGNEURS!...

𝔄 vous, mes 𝔖eigneurs!...

.... François de Guise, sortant d'un batelet, est tué par *Poltro*, sur la grève de *Saint-Mesmin ;* — il en revient du sang sur la conscience de Coligni !

Enjambons les époques, afin de prouver les prophéties par les faits.

Condé, blessé, désarçonné à la bataille de Jarnac, est fait prisonnier et se rend à *d'Ar-*

genté : mais il y aura grande joie pour *Monsieur* frère du roi (duc d'Anjou) si Condé y est tué ; le baron de Montesquieu, capitaine des gardes suisses de Monsieur, arrive ; — à bout portant, de sang-froid, il casse la tête à Condé. — C'est le duc d'Anjou qui en répondra devant Dieu !

A la bataille de Saint-Denis, un vieillard de quatre-vingts ans se débat contre cinq cavaliers ; un d'eux le brûle par derrière :—*La balle est stuarde!* crie le vieux brave en tombant. C'était le connétable Anne de Montmorency, et il illustrait son dernier soupir par ces mots à un exhortant : — *Croyez-vous, moine, que quand on a su vivre quatre-vingts ans avec honneur, on ne sait pas mourir un quart d'heure avec courage ?* Celui qui fit le meurtre, l'assassin d'Antoine Minard, le gentilhomme *Stuard,* fut retrouvé à *Jarnac ;* il demanda merci, — on l'égorgea sur place ; les vautours le mangèrent !

Quand sonna le beffroi de la Saint-Barthélemy, Coligni *ne se leva pas....* Bêsme vint, et l'éventra d'un coup d'*épieu.*

Est-il mort? — crioit, du bas de l'escalier, *Guise*, fils de François de Guise, ardent à venger son père.

Nostredame avoit cité ensemble Guise et Coligni à la barre du tribunal éternel.

Puis, après la Saint-Barthélemy, Charles IX, sangsue catholique, dégorgea, sur son lit de mort, tout le sang huguenot,—dont il avoit trop bu !

Quant à Charles-Quint, ennuyé du monde, il voulut mourir *sous l'empire de son frère et sous le règne de son fils*,—il se retira dans un couvent de l'Estramadure.

Et pour en finir avec ces témoignages, pris plus loin que va notre sujet,—une enjambée encore.

XX.

PLACE NETTE POUR LE BOURREAU.

Place nette pour le Bourreau.

.... Quelle poignante douleur !.... et pourtant que d'attraits séduisans ! Qu'elle est belle cette femme !

C'est le 17 février 1587. Marie Stuart, reine d'Ecosse, prisonnière au château de Frondingaye, entend son arrêt de mort, et reçoit du comte de *Cherusbery*, l'un des commissaires d'*Élisabeth*, le brutal avis de l'heure à laquelle doit tomber sa tête.

Toute la nuit elle écrivit, le cœur déchiré, mais la main ferme. Levée deux heures avant le jour, elle se vêtit de velours et d'ornemens; et, dans une instant où le miroir lui retraça son image :

— Beauté du corps, dit-elle, il faut mourir!.... Élève-toi, mon ame, tu vas vivre!

Elle communia avec une hostie que depuis long-temps, pour un cas pressant, le pape *Pie V* lui avoit envoyée. Puis, assise devant le feu de sa chambre, entourée de ses femmes, elle causa mélancoliquement de choses lointaines.

— Me souviens que placée il y a bien longtemps, à peu près dans pareille posture, devant un feu aussi triste que l'est celui-ci, dans une chambre aussi sombre que l'est ma prison, j'entendois, entre un *prophète* et la reine Médicis, des mots qui chagrinoient bien fort mes bien jeunes idées. On parla de moi, et comme la reine disoit : *Je ne veux pas qu'un seul cheveu tombe de sa tête*, le prophète répondit : *Empêchez donc alors qu'une hache la frappe cette tête !* Ce mot me fit froid comme auroit fait le fer de la hache.

On frappa rudement à la porte. Peu d'instans après, elle monta sur un échafaud large de douze pieds en carré, haut de deux, tapissé de méchante *revesche* noire.

Après des dires et des prières, il fallut ôter ses voiles. Malgré elle, le bourreau l'y aida : il arracha, le brutal, jusqu'à la ceinture, robe, pourpoint, corps de cotte, chemisette, de manière que tout le haut de ce corps admirable, que cette gorge éblouissante, qui s'étoit tant émue pour des pensées d'amour, se trouvèrent à nu, devant tous.

—Pardonnez, dit-elle en rougissant, ne suis habituée à me dépouiller ainsi en si grande compagnie, ni à me livrer aux apprêts de si étrange toilette.

Le bourreau s'étoit fait place nette ! —

et cependant, l'infâme, il s'y prit à trois fois !

. . . .

Voilà l'époque telle que Dieu l'a permise ; voilà l'époque telle que les hommes l'ont faite ! Voilà ce qui est advenu de cette cour, qu'avoit *marqué* la parole de Michel de Nostredame !

Reculons.

XXI.

LE NEVEU DU ROI.

Le neveu du Roi.

Le 2 juillet 1565 fut un bien grand jour pour les habitans de la petite ville de Salon ; magistrats, municipaux, sénéchaussée, prevôté, maréchaussée, manans, artisans, clergé, tout le populaire de ce coin de la Provence était en émoi et en habits de fête. Charles IX, se rendant à Marseille, en compagnie de madame la reine-mère, Catherine de Médicis, alloit passer.

Une grave question, la plus importante qu'à l'occasion du voyage d'un souverain puissent faire administrateurs et administrés, avoit été agitée depuis plusieurs jours : — le roi séjournera-t-il, ou ne fera-t-il que traverser la cité? Les *fonctionnaires* désiroient le séjour; le pauvre peuple, chargé *par état* de payer pour tous, le redoutoit; et pour l'attente comme pour la crainte, il se faisoit mille conjectures, qui venoient aboutir à une maison de la ville, sise en la Grande-Rue : c'étoit la maison d'un vieillard, cause irritante de la superstition populaire, objet du culte des uns, de la haine des autres, dont le nom étoit tour à tour adoré ou insulté, mais dont la personne, d'ailleurs presque invisible, tant son isolement était rigoureux, auroit en toute circonstance été respectée. La vertu privée commande plus aux hommes que toutes les célébrités.

Ce vieillard, c'étoit Michel de Nostredame.

On se rappeloit le voyage de Michel à Paris,

sa présentation à la cour, ses conversations avec le roi Henri II et sa femme ; avec quelque raison on en venoit à penser que Charles et sa mère ne voudroient passer outre avant que d'avoir entretenu *le prophète*, c'est ainsi que la multitude appeloit le bon et simple médecin de Salon. Quant à lui, étranger à ce qui se passoit, il avoit refusé au bailli, qui l'étoit venu visiter, d'accompagner le cortége du roi à son entrée dans la ville.

L'arrivée de deux courriers apprit enfin à la foule que le roi approchoit. Les cloches s'ébranlèrent, le canon tira, et une violente arquebusade, ajoutant au tapage des honneurs rendus à la royauté, faillit coûter la vie au souverain : Charles venoit de descendre de sa lourde voiture de voyage, il montoit à cheval, imité par sa mère, qui toujours belle cavalière, malgré ses ans, toujours habile à placer sa jambe sur l'arçon de la selle, ainsi qu'elle en avoit donné la première l'exemple aux femmes, se complaisoit à montrer à tous son courage et sa dextérité ; la détonation de l'arquebusade effraya le coursier de Charles, mal maintenu par son timide cavalier ; il se cabra, se rua sur la foule, on eut peur pour les jours du roi. — Ils étoient réservés pour trop d'événemens ! — Il n'y eut qu'un jeune homme de quinze ans qui fut frappé au front par le fer du cheval, terrassé et tué.

On comprendra que dans un semblable mouvement de populaire, le roi étant là pour absorber toutes les attentions, et madame la reine-mère, et le cardinal de Bourbon, et le maréchal de Montmorency, le corps d'un homme roulé par terre fit peu d'impression.— On passa par-dessus. Mais quelques personnes avoient reconnu le jeune homme, elles le relevèrent.

Le roi se dirigea vers l'église des Cordeliers, pour y faire sa prière. — Ensuite il demanda la maison de Michel de Nostredame, et ordonna qu'on l'y conduisît. Lorsqu'il y arriva, les portes en étoient grandes ouvertes, un homme mort étoit gisant au milieu de la cour.

— Place ! — s'écria le vieillard qui pleuroit,

—place au roi! à la reine!... laissez entrer la famille du mort!

— Que voulez-vous dire, maître? — demanda Charles avec inquiétude et surprise.

— Sire, — répondit Michel, en lui montrant le corps dont la tête étoit sanglante, — celui-ci est le fils de votre frère Henri...

— De Clarence! — interrompit Catherine de Médicis en détournant la tête.

— Morte en couches! — répondit Nostredame.

Cet incident du voyage étoit d'autant plus pénible qu'il pesoit sur l'homme auquel la superstition venoit demander des oracles, des avis et des pronostics; aussi la reine-mère en fut-elle sincèrement affligée.

—Mon fils, dit-elle, nous allons en une chambre de ce logis pleurer avec notre vieil ami la mort de cet enfant, dont la naissance, je le prévois, a dû lui causer bien des chagrins!... — Et se tournant vers la foule : —

Notre bien-aimé fils donne quinze écus d'or à chaque orphelin de cette ville... Nous, nous instituons cinq messes annuelles pendant dix ans pour le repos de l'ame de cet enfant, saisi tout vivant par la mort... Mes amis, retirez-vous maintenant.

— Noël! vive madame la reine! — Et les cris de la reconnoissance du peuple retentirent avec éclats de joie dans cette maison où on attendoit une bière.

XXII.

CONVERSATION.

Conversation.

César de Nostredame resta à la garde du fils de sa sœur ; dans un modeste cabinet, lieu de travail de Michel, le roi de France et sa mère s'assirent respectueux devant l'oracle, dont quinze ans auparavant la vue redoutable avoit décimé la cour. La reine avoit trop éprouvé la prodigieuse puissance du docteur de Salon pour ne pas en redouter les avertissemens; mais sa curiosité, plus forte que sa peur, lui faisoit en même temps courber la tête et prêter l'oreille. Charles, aux ordres de sa mère, non moins superstitieux qu'elle, plus effrayé peut-être, se laissoit aller à la même attitude.

Il étoit bien vieux, cet homme qui agissoit ainsi sur deux existences royales : non pas tant vieux d'années, il n'avoit que soixante-deux ans ; mais vieux par les chagrins, les douloureuses insomnies, les larmes, les angoisses d'une vie si obstinément torturée ! il étoit décrépit, courbé sur lui-même, d'une maigreur rachitique ; — nous parlons de son corps. Sa tête avoit la sublimité de caractère qu'impriment une vertueuse résignation, l'habitude des hautes et généreuses pensées, le commerce des sciences appliqué au progrès de l'entendement humain; ses yeux, cet organe qui dans chacune des hallucinations devoit avoir brisé ses ressorts, en quelque sorte ; — ses yeux avoient conservé physiquement leur bel enchâssement, les rides n'en avoient point déformé le dessin ni la noblesse, et, *moralement,* ils exprimoient encore tout ce que leur dictoit l'intelligence, ils dominoient encore les êtres qu'ils voulaient abattre, leur faculté d'attraction et d'énergie n'avoit rien perdu de son charme ou de sa communication incisive.

Michel de Nostredame, regarda tristement le roi et sa mère.

— Eh bien! illustre maître, commença Catherine avec embarras, le temps a marché! je vous retrouve défiant les années, ... et beaucoup de gens que vous avez vus près de moi sont morts.

— Leur sort est à envier! dit le roi.

— Peut-être! dit Michel.

— Peut-être!..... reprit la reine, c'est le rideau du grand secret : vous savez, maître, si ma sollicitude malheureuse a cherché à en soulever les coins, pour le bonheur de mon mari, de mes enfans et de la France ?

— De la France ? madame la reine.

— En doutez-vous, Nostredame? demanda Catherine avec sévérité.

— Pauvre France !... infortunée religion !.. continua sans s'émouvoir le médecin de Salon. Des hommes sont là, rois, princes, seigneurs, gentilshommes, souverains, grands vassaux, des soldats derrière eux ; et parce qu'un des grands vassaux lève trop la tête, parce que le prince a peur que cette tête ne touche aux franges du dais, on se divise, on intrigue, on tue... pour le bonheur de la France !... Et la religion ! qui la connaît, de ceux qui l'attaquent et de ceux qui la défendent? aucun !... question de trône, voilà tout ! question de Dieu, mensonge !...

— Vous commencez à voir mal, — dit le roi sèchement, — je jure Dieu, maître, que la religion occupe toutes mes pensées, et me cause, en ces temps d'hérésie, de cuisantes douleurs !... Je jure Dieu ! — ajouta-t-il en s'animant davantage, — que volontiers perdrai ma couronne, s'il peut m'être donné d'anéantir l'hérésie...., mais l'anéantir, la briser sur les pavés de ses conférences et de ses conciliabules !

— Le roi le tentera.... dit Michel avec calme, s'adressant à la reine.

— Et n'aura-t-il pas raison ? — répondit la reine-mère. — L'audace des hérétiques, des religionnaires, n'aura-t-elle pas été poussée assez loin ?..... se sont-ils fait faute d'une seule insulte ? Ne vous souvient-il pas de la conspiration d'Amboise contre mon pauvre premier-né ?..... il y alloit de mort de roi dans cette affaire, au moins !..... le valet de *la Renaudie* l'a formellement avoué..... et croyez-le bien, Nostredame, mort de roi vouloit changement de culte.... Le roi de France doit rester *très-chrétien !*

— Ainsi ferai, dit Charles IX.

— Mais vous le savez, maître, — reprit Catherine, sur un ton plus adouci ; — c'est peu de la meilleure volonté, lorsqu'elle marche dans les ténèbres ; la fatalité déconcerte ses plans les plus sages;..... et encore, une grande terreur est venue récemment nous saisir.... *pendant quinze nuits, une armée, infanterie et cavalerie, a été vue marchant dans le ciel, du côté de Meudon!*... qu'est-ce cela?.. que signifie cet horrible prodige?

— C'étoit sans doute la marche funèbre de tous ces hommes tués dans ces guerres malheureuses?

— Mais cette marche, visible à notre œil sur cette terre, — reprit le roi, — quel sens peut-elle avoir?

— Un sens moins terrible, sire,— que celui indiqué par une monstrueuse nuée de corbeaux, qui viendra certaine nuit s'abattre sur les toitures de votre Louvre.

— Encore un malheur, Nostredame? — demanda la reine.

— Toujours du sang, madame!

— Sur nous?

— Et sur eux.

— Sur nous? — insista Catherine.

— Et sur la France, — répondit Michel.

— Mais, mon père, — dit Catherine de Médicis avec angoisse, — ils ne tueront pas le roi?

Charles IX frissonna.

— Je les tuerai plutôt! — s'écria-t-il avec emportement.

— Et le ferai, — dit le médecin.

— Et dans ce voyage, maître, — reprit Charles, — quelque malheur me menace-t-il?

— N'ayant affaire qu'au peuple, votre majesté n'a rien à craindre.

— Qu'ai-je donc à redouter en d'autres temps?

— Vos penchans, sire..., et vos grands seigneurs.

— *Amen*, — dit le roi en se levant. — Afin de conjurer les nouveaux malheurs que vous m'annoncez, je vous désigne, mon père, à une charge qui vous donne autorité sur mon corps et mon ame... Vous êtes mon médecin.

— Hélas ! sire, cet honneur, dont vous comblez mes derniers jours, arrive trop tard pour qu'il tourne à l'utilité de votre majesté.
— Dans quarante semaines, je serai mort !

— Vous ! dit la reine avec surprise.

Michel de Nostredame prit un manuscrit sur sa table.

—Voici les Ephémérides de *Jean Stadius* ; j'y ai tracé mon arrêt.

En effet, ces mots se trouvoient écrits de sa main, à la date du 2 juillet : *Hìc propè mors est.*

— Nous nous reverrons, mon père, dit la reine attendrie.

— Dans la vallée de *Josaphat,* madame la reine.

— Le sang de l'enfant tué ce matin ne retombera pas sur le roi, n'est-il pas vrai ?

— Le roi Charles est innocent du crime de Henri II; plaise à Dieu qu'il n'ait à rendre compte que de cette mort!

— Le roi fit un geste d'impatience, il voulut défier la prophètie en bravant le regard du prophète, son œil se baisse aussitôt.

— Nous nous remettons en route, maître, et nous vous recommandons aux bonnes grâces du ciel.

— Et vous, sire, à ses pardons.

XXIII.

LA TABLE, LA LAMPE, ET LE CAVEAU.

La Table, la Lampe, et le Caveau.

Un an plus tard, — jour pour jour, le 2 juillet 1566, — Michel de Nostredame se réveilla, sentant la douce chaleur d'un rayon du soleil matinal pénétrer les chairs froides de son pâle visage.

— Aujourd'hui, j'ai soixante-deux ans, six mois, dix-sept jours,—dit-il d'une voix foible. — Demain....

Un sanglot mal étouffé retentit près de lui, il souleva sa tête.

—César, mon bon fils!... c'est toi!... Pourquoi pleurer? N'avons-nous pas tout dit sur l'événement de cette journée?... Mon excellent fils, ne t'ai-je pas mille fois béni!...

— Attendez encore, mon père!— demanda César de Nostredame d'une voix suppliante, — oh! attendez un jour!... demain... qui sait... Vous ne voudriez pas mal faire en devançant le moment?

Michel se leva bien lentement sur son séant, sembla chercher des forces en lui-même, restant quelques instans immobile et muet; puis, tressaillant légèrement, il prit la main de son fils et lui dit, avec des temps de respiration fréquens : — Tu ne crois pas, monfils, qu'en effet je veuille devancer le moment : tu sais trop bien que l'arrêt que j'ai porté sur ma vie est infaillible... et son accomplissement devroit-il être retardé de quelques instans, est-ce une raison pour hésiter à m'ensevelir?.. Tu sais bien, toi à qui j'ai révélé les intimes secrets de ma conscience, que ce n'est point la manie insensé d'agir sur ce peuple qui a déterminé ma résolution... Non, une grande pensée a présidé à ce projet!... J'ai trop de religion pour m'anéantir par un suicide; j'ai trop de probité pour vouloir sculpter une imposture sur ma tombe!... Mais une curiosité scientifique et religieuse a obsédé, tu te le rappelles, les vingt dernières années de ma carrière... Je veux la satisfaire, vivant encore de la vie humaine...!

J'ai interrogé toutes les voies de la nature, toutes ses mystérieuses intelligences, pour m'expliquer à moi-même ce regard de seconde vue, cet état extatique dont mon individualité a été dotée ou affligée :.... les voix de la nature sont restées muettes, ses mystérieuses intelligences ne m'ont rien révélé!... Le moment est venu!... Je vais surprendre la vérité!... Oui, avant de m'avancer vers Dieu, je verrai jusqu'à lui!... Touchant encore à la terre, j'embrasserai du regard tous les univers!... Le problème de la seconde vue sera résolu!... Cette illumination mentale, qui jette ses lueurs dans la pensée des mourans, dans la mienne sera vaste et complète, j'en ai l'assurance!...

— Mais pourquoi dans la tombe? s'écria César, en pleurant sur la main de son père.

— C'est là que le rideau se lève, mon fils... Sur ce lit, où je m'assieds encore, la mort sauroit bien me prendre, mais moi je ne saurois pas l'épier!... Moi, je ne la regarderois pas de la vue formidable du tombeau!... Entre elle et moi, César, il y aura une rencontre étrange, je le prévois..... Le coup qu'elle me portera sera indécis; à demi frappé, j'aurai le temps d'y *voir!*... Je verrai! — Et il éleva ses mains tremblantes vers le ciel. — Que j'y voie trois fois la durée du temps que met une étoile à filer, et le grand secret est révélé au monde!... Ma main le tracera sur le papier!... Gloire à Dieu! Victoire pour l'homme!....

— Quant aux horribles peines de ma vie, — reprit-il après une pause, — elles

sont oubliées, je ne leur appartiens plus!....
Quant à toi, enfant, qui résumes en ta personne chérie les dernières pensées terrestres de ton vieux père, je te laisse un patrimoine modeste et honorable;... je te laisse des connaissances acquises qui t'attireront de la renommée... Tu écriras.... Oui, écris l'histoire de cette nation provençale dont le feu s'étend à tout, à la fortune, au plaisir et à la gloire!... Ose décrire le luxe de nos cours, gourmander cette courtoisie, cette magnificence de notre seizième siècle, véritable robe d'or et de soie ensanglantée.... Dans les questions religieuses, remonte au pur esprit du christianisme.... Louange sa gloire! Représente-le, dispersant la lumière, et opérant ce mélange qui porta dans la *Cimbrique* l'esprit du *Latium!*...

— Parlez encore, mon père, dit César avide d'entendre.

—Non, ma force s'épuise...Ote-moi d'ici... il est temps :

— Mon père!..... Oh! mon Dieu! mon père!

— Tu m'as promis le courage d'un homme et l'obéissance d'un fils!...

— J'obéirai.

Le peuple de Salon savoit que depuis quelque temps d'étranges préparatifs avoient été faits dans le caveau de la famille de Nostredame, creusé sous le cimetière des cordeliers. Des ouvriers avoient été employés à en disposer l'issue avec un art tout particulier, et un soin de maçonnerie qui devoit rendre tout bris fortuit impossible.

Une première grille donnoit sur le cimetière; ouverte, on suivoit un terrain en pente rapide; trois toises parcourues, on trouvoit une autre grille fort basse, fort épaisse et cintrée: cette seconde grille venant à se fermer, une pierre de deux pieds d'épaisseur jouoit sur un ressort, venoit s'appliquer en dehors, contre ses barreaux, et engrenée dans le cintre de la maçonnerie, fermoit hermétiquement le caveau.

On savoit qu'une chaise, une table, de

l'encre, du papier, une plume, avoient été déposés en ce sinistre lieu. La malice populaire auroit bien tiré parti de tout cela pour rire et insulter à la manie d'un mourant ; mais en définitive, le résultat devoit être, tel qu'il s'annonçoit, une mort d'homme ; et d'un homme que de grands services publics, de belles vertus privées, de longues et cruelles peines domestiques, un vaste savoir, de beaux travaux, recommandoient à l'estime et à la reconnoissance de ses concitoyens. Et ce qui complétoit la religieuse terreur que ces préparatifs avoient répandue dans le peuple, c'est qu'on n'étoit pas sans avoir conjecturé que Michel de Nostredame alloit s'asseoir tout vivant, entre trois tables de marbre, sur chacune desquelles une femme morte étendue, et enveloppée seulement dans un suaire.

Le caveau restoit donc ouvert depuis environ un mois, et aucune curiosité n'en n'avoit profané les abords.

XXIV.

ET LE PROBLEME?...

Et le Problème?...

Nostredame, portant une petite lampe allumée et sur un de ses bras une robe blanche tachée de sang, s'arrêta à quelques pas de la première porte ; son fils le soutenoit. — Halte, — dit-il avec fermeté.

César s'agenouilla fondant en larmes.

— Silence ! mon fils. — Ici finit ma route

sur la terre ; ici, voyageurs, dont l'un est arrivé et l'autre ne l'est pas, il faut nous séparer.

— Laissez-moi descendre avec vous, — je recueillerai vos derniers mots, votre dernier soupir, je fermerai vos yeux....

— Silence ! ménage les paroles, mon temps est court ... Ma dernière pensée, si je l'écris, ne sera connue que le jour où tu viendras te ranger à mes côtés.... c'est ma dernière volonté.... Tu veux descendre avec moi ?..... la tombe ne rend à la terre qu'une matière immonde, et tu dois vivre encore !..... Je te l'ai dit, c'est à cette place qu'il faut nous quitter.

— Mais si une fois cet épouvantable seuil franchi, vous alliez m'appeler ?...

— Je n'appellerai que Dieu !

— Si une angoisse,.... un repentir,.... un regret.

— Enfant, je te pardonne ces craintes!.... respecte ton père, et fais silence! — Il posa sa droite sur la tête découverte de César de Nostredame. — Dieu m'entend!... dit-il avec une profonde émotion, — mon fils, je te bénis!...

— Quoi! plus un mot, plus un regard! — s'écria le jeune homme avec désespoir.

— Sois honnête homme... et crois en Dieu! — cria à son tour Nostredame d'une voix puissante.

César tomba sur la terre.

Le médecin de Salon, avec l'assurance qu'il auroit mise à franchir la barrière d'une route conduisant à un but connu, franchit la première grille et la ferma. Il étoit bien débile, bien accablé, il fut long-temps à parcourir le dernier trajet, et il eut l'angoisse que la pente ne fit abattre son corps affaissé sur ses jambes chancelantes. Arrivé à la dernière grille, il s'arrêta, reprit haleine — comme ceux qui vont recommencer une grande course, — regarda en arrière en élevant sa petite lampe, dont la foible clarté fut ternie par le rayon brisé du jour. Sans que son cœur battît plus fortement que ne le vouloit son agonie, — il fit un pas de plus ; il saisit un barreau de la grille, réunit tous ses efforts, tira ; la grille se ferma, la pierre tomba — avec le bruit sourd d'un coup de canon dans le lointoin, — et un cri aigu, déchirant, retentit dans le caveau.

XXV.

DANS LA TOMBE.

Dans la Tombe.

— Qui est là ? — demanda Michel d'une voix éteinte.

— Je veux sortir ! — cria d'une voix perçante une femme qui étoit à genoux, se dressa, puis courut vers la grille.

Michel recula.

— Malheureuse! qu'avez-vous fait en venant ici? — dit-il avec compassion. —Votre présence m'a brisé un ressort de plus, ma vue est bien foible!... Approchez-vous de cette lampe, que je vous voie.

— Je veux sortir! — crioit toujours cette femme au désespoir. Michel Nostredame, je ne veux pas mourir.... j'ai fait pénitence, je veux vivre!

Michel prêtoit l'oreille : il se traîna vers cette femme furieuse,... il poussa le cri passionné d'un mourant rentré dans la vie pour vingt ans.

— Laure de la Viloutrelle!

Et ses jambes reprirent de l'énergie, de l'élasticité; il marcha vers la table, y déposa sa lampe ; alors, élevant les bras vers la voûte de ce tombeau :

— Oh! Providence!.... Laure de la Viloutrelle!

— Oui, moi! purifiée par le repentir, —

dit-elle, en se tournant vers lui, mais sans quitter les barreaux de la grille. — Moi, prête à faire demain mes vœux, à revêtir le cilice.

— Revêts le suaire, malheureuse ! — Il jeta sur elle la robe blanche de carmélite, qu'il y avoit dix-huit ans elle avoit abandonnée au *mausolée romain* de Saint-Rémy, et que tachoit le sang du père de Clarence.

— Le suaire ! s'écria Laure, en rejetant la robe avec horreur. — Le suaire, je ne veux pas mourir !...... Ouvrez-moi, je ne veux pas mourir !

— Qu'étois-tu donc venu faire ici, insensée ?

— Prier, évoquer tous mes remords, m'abîmer dans mon repentir, mériter l'absolution en demandant pardon à mes victimes....

— A laquelle des trois as-tu parlé déjà?.... et que t'a-t-elle répondu ?... Est-ce Anice Mollard, — morte vierge, qui a reçu tes plaintes?..

La voilà, ... viens la voir ! — Il s'avançoit vers une des tables. — Est-ce ma fille Clarence, que tu as prostituée?.... La voilà !..... sa putréfaction s'achève....

— Au secours ! au secours ! cria Laure, appliquant sa bouche dans l'intervalle des barreaux. — Elle ne voyoit pas la pierre.

— On va m'entendre, — on va venir !...... dit-elle avec un rire convulsif, — et tu mourras seul, entends-tu bien.... Au secours ! au secours !

— Laure, dit Michel d'une voix implacable, — avec tes dents, coupe ce fer ; avec tes dents, ronge la pierre qui est derrière, alors on t'entendra !....

— La pierre ! Il y a une pierre ? — Elle alongea ses doigts, sentit le granit, et tomba à la renverse.

L'organisation humaine avoit un instant encore repris son influence sur Nostredame. Le vieillard, descendu dans ce caveau avec la sublime abnégation d'un juste, avec l'oubli d'un mourant, se trouva malgré lui la volonté et la vie, en revoyant Laure de la Viloutrelle dans son tombeau. Mais peu à peu son irritation s'évanouit, le sentiment généreux de la mort lui revint.

Il appela Laure par trois fois.

— Eh bien! dit-elle.

— Levez-vous, et venez à moi, — répondit-il en fléchissant sur la chaise.

Laure de la Viloutrelle obéit.

— Je suis venu ici pour mourir, et Dieu vous y a conduite pour la même fin! Laure, écoutez mes dernières paroles!... Votre ame seule sortira de ce lieu, faites qu'elle en sorte repentante et pardonnée... La justice divine ne pouvoit vous prendre à une place où vos crimes pussent parler plus haut contre vous! à une place aussi où le repentir fût plus efficace... Anice Mollard est à ma droite, Clarence à ma gauche, Ponce Gémel à côté de vous. —

Laure bondit en arrière. — Une pénitence de vingt-quatre heures ici, devant ces témoins, te vaudra vingt ans de macérations sur la terre ; humilie-toi, pleure et prie, pauvre femme !... de nous cinq, c'est toi qui mourras la dernière ; fais que là-haut je puisse intercéder pour toi !...

— Mon Dieu ! mon Dieu ! — dit Laure en se tordant les mains ; — mais vous m'avez enterrée vive !... — Reprenant peu à peu sa violence : — Mais c'est un crime atroce ! mais vous aussi vous êtes un assassin ! — lui saisissant le bras et l'agitant : — Parle donc, vieillard, parle donc !... vas-tu mourir ? — Elle se pencha, comme pour regarder de près Nostredame. Lui, il prit la lampe, et en éclaira son visage et celui de Laure. Le visage de Nostredame blanchissoit au ton mat de sa barbe, — tête en marbre de saint Jérôme. — Le visage de Laure, — découpé par les rides profondes de l'envie, de la colère et de la haine, — étoit horrible à voir, malgré les vestiges des belles lignes qui en avoient fait l'ornement; ses lèvres étoient couvertes d'une salive blanche, un cercle noir tranché cernoit ses yeux, les muscles de son cou étoient grossis et tendus. — Laure, dit Michel d'une voix encore distincte, mais bien foible, — la durée de l'huile qui alimente cette lampe, je l'avois calculée sur la durée de ma vie; mais votre présence a hâté le moment... Une heure encore brûlera la lampe, — et je vais mourir!... Il se tut. Et sa main languissante eut encore assez de force pour replacer la lampe. Laure, n'entendant plus rien, comprit qu'elle alloit rester seule! Elle se jeta à genoux, près de Nostredame le corps renversé en arrière, les bras roidis, les mains jointes, elle dit d'une voix sanglotante : — Sa vue s'éteint!.. Horreur et torture! mon enfer est ici, malheureuse femme! mon ame ne quittera pas cette voûte, et plaintive, errante comme l'oiseau des nuits, elle se posera misérable sur ces tables de marbre.... Dieu! mon Dieu!..... — Nostredame se ranima un peu... Ses yeux laissèrent échapper quelques larmes.

— Je te l'avois dit, pauvre créature, *je*

t'entraînerai dans ma tombe, — murmura-t-il.
—.... Dis-moi bien vite que ton repentir est grand !..... — Il fit un mouvement du bras, saisit sa plume, la serra convulsivement dans ses doigts. — Mon ame à la Providence !...... Ah ! ah ! la voûte s'ouvre !..... — Il remua la plume, son corps venoit de se dresser, sa tête s'avançoit un peu en avant....

Laure de la Viloutrelle appuya ses mains sur les genoux de Nostredame, approcha sa tête de la sienne..... et bien près....

— Un mot, un souffle, dit-elle ; qu'il se fasse un bruit dans ce caveau !.... Bruit du ciel ou de l'enfer,.... bruit de râle, mais un bruit qui ne me laisse pas seule avec des morts !.... Nostredame, un mot.... Pardonne-moi !......

La longue barbe du vieillard se roidit et froissa les chairs du visage de Laure....

Qui sait si Michel de Nostredame avoit résolu le problème !....

XXVI.

TRADITION.

Tradition.

Lorsque, vingt-huit ans après, à la mort de César, qui fut écrasé par un cheval, à la prise d'une ville, on ouvrit le caveau de Nostredame, on trouva le squelette du savant médecin, assis sur la chaise; sa main tenait encore la plume.

Laure de la Viloutrelle était renversée près

de la grille ; les brisures du poignet gauche attestoient qu'elle avoit dû s'en ronger les chairs.

Voici l'inscription qui a été gravée dans l'église des Cordeliers de Salon :

Cy reposent les os de Michel de Nostredame, duquel
la plume presque divine a été de tous estimée
digne de tracer et rapporter aux humains
les événemens à venir pardessus
tout le rond de la terre.

Il est trépassé à Salon de Craux, en Provence, l'an
de grâce M D L XVI et second de juillet,
âgé de LXII ans, VI mois, XVII jours.

O Posteres, ne touchez à ses cendres et n'enviez
point le repos d'icelui.

FIN.

TABLE DES MATIÈRES.

	Pages.
La Réforme	1
La Robe de carmélite	19
A Venise	37
Ces moines du XII° siècle!	53
Le Surveillant	75
Clarence de Nostredame	79
L'Anneau de paille	99
Maîtresse, Épouse et Favorite	115
Les deux Epoux, les deux Amis	131
La Réception	157
L'Ardoise	175
Les Cheveux blancs	187
Les Stuardes	211

	Pages.
Issachar	225
...Tes bras pour y tomber	245
Le Coin du feu	255
...Puis mourir, mort cruelle!	269
...Prise laissée	277
A vous, mes seigneurs	283
Place nette pour le bourreau	289
Le Neveu du roi	295
Conversation	303
La Table, la Lampe, et le Caveau	315
Et le problème?	325
Dans la tombe	331
Tradition. — Épitaphe	341

Ouvrages de M. Bonnellier.

CALOMNIE, un vol. in-8°, orné d'une gravure d'après Gigoux.
LA PLAQUE DE CHEMINÉE, un vol. in-8°.
UNE MÉCHANTE FEMME, un vol. in-8°.
JUIVE ET MAURESQUE, mœurs d'Alger, un vol. in-8°.
NOSTRADAMUS, deux vol. in-8°.

Sous Presse.

LA GRILLE ET LA PETITE PORTE, 2 vol. in-8°.
LE MARÉCHAL DE RETZ, 2 vol. in-8°.
LETTRES A UN CONSEILLER D'ÉTAT, un vol.

www.ingramcontent.com/pod-product-compliance
Lightning Source LLC
Chambersburg PA
CBHW050300170426
43202CB00011B/1761